陪孩子走过
青春期

洪嘉阳◎著

中国友谊出版公司

图书在版编目（CIP）数据

陪孩子走过青春期 / 洪嘉阳著 . -- 北京：中国友谊出版公司，2022.12

ISBN 978-7-5057-5508-6

Ⅰ. ①陪… Ⅱ . ①洪… Ⅲ . ①青春期－家庭教育 Ⅳ . ① G782

中国版本图书馆 CIP 数据核字 (2022) 第 112550 号

书名	陪孩子走过青春期
作者	洪嘉阳
出版	中国友谊出版公司
发行	中国友谊出版公司
经销	新华书店
印刷	天津中印联印务有限公司
规格	710×1000 毫米　16 开
	13 印张　177 千字
版次	2022 年 12 月第 1 版
印次	2022 年 12 月第 1 次印刷
书号	ISBN 978-7-5057-5508-6
定价	52.00 元
地址	北京市朝阳区西坝河南里 17 号楼
邮编	100028
电话	（010）64678009

序　言

成长应该是一件快乐的事情

有这样一则寓言故事：

一把沉重的铁锁挂在大门上，一根铁棒试图进入大门，便开始用蛮力，使劲去撬、砸铁锁，但是费了半天力气，铁锁仍然纹丝不动。这时，一把小巧的钥匙插进锁芯，轻轻一转，啪的一声锁开了。

铁棒不明白，为什么自己花费了这么大的力气却没办法打开铁锁，而钥匙力气那么小却一下子就打开了呢？

钥匙回答说："因为我了解它的'芯'啊！"

打开铁锁靠的不是蛮力，而是技巧，同样地，与人沟通，与处在青春期的孩子沟通，想要打开孩子心中的大门，也同样需要技巧。

当你发现从前那个跟在你身后转，在你接他放学的时候兴奋地向你扑过来，和你絮絮叨叨谈论学校的新鲜事，需要你帮忙准备第二天的衣服和鞋袜的小孩儿，忽然不再围着你转，变成了那个刻意在同学面前与你拉开距离，放学后直接回到自己的房间，并将门关上的小大人的时候，青春期就来了。

青春期，是儿童成长为成年人的过渡时期。这一时期，孩子们的身体外观发生明显变化，同时心理上也在经受着剧变。

从生理上来讲，身体迎来出生后的第二次生长发育高峰，出现第二性征。

男生会出现胡须、喉结，体毛增长、声音变粗，同时身体更高，肌肉更强壮。女生则有身体增高、身体曲线开始变得明显、皮肤变得细腻、嗓音尖细等特征。

除了这些明显的外观变化，还有很多变化是处于青春期的孩子们觉得有些难以启齿的，比如，男孩的遗精、女孩的月经等。这些身体变化带来惊喜的同时，也难免会带来困惑和烦恼。

进入青春期后，孩子除了生理上的变化外，他们的心理变化也是对家长的一大考验。青春期的孩子在心理上往往会呈现两个极端，要么极度自信，要么极度自卑。当自己搞定一件事时，觉得自己无所不能，天下第一；而当遭遇挫折时，又常常对自己全盘否定。同时因为体内激素的影响，少男少女们会逐渐增加对异性的关注度，出现朦朦胧胧的好感，试探着与异性交往……

这些青春期的变化可能是轮番来袭，对于刚刚从儿童期过渡来的孩子们来说，招架起来着实困难。

作为"家有子女初长成"的家长，这时经历的考验一点也不比这些孩子少。首先，家长可能会突然发现孩子们忽然变得拒人于千里之外，心理落差巨大；其次，原来可能乖乖听话的孩子，突然开始不受控制，甚至和家长对着干。这让家长在这一时期体验着什么叫伤心困惑和无能为力。

究竟应该如何和十几岁的孩子沟通相处？如何将自己的关心和建议传递给这些看似表面沉默,实则内心火热的少年？这就回到我们开头提到的那个故事。

首先，不要使用蛮力和暴力。

面对孩子的沉默、挑衅、反抗，相信家长都只想要速战速决，根据以往的教育经验，只想赶快控制住局面。于是怒吼、惩罚、威胁等一系列措施都用上了。但这就像是那根试图撬开大锁的铁棍一样，一番折腾下来却徒劳无功。相反，只可能让孩子的心锁上得更牢，大门对你关得更紧。

其次，父母需要专门学习如何与青春期的孩子相处。

与青春期的孩子打交道，并不是父母到了这个时期就能自然而然拥有的技能。同时，以往十来年的教育经验可能在此期间都用不上了，需要更新。这是一门新的学问，需要专门学习，细心体会，是一门需要在实际生活中不断修改调整的实践课。

本书以与青春期的孩子相处为主题，从认识叛逆开始，列举青春期孩子常见的行为与心理，运用实例来讲解父母与孩子的真实感受，并提供了一些切实可行的方法。

诚然，每个孩子都是独一无二的，每种方法也不是完全适用于所有家庭的，我只希望本书可以给家有青春期儿女的家长提供一些参照及一些重新看待问题、思考问题的角度，使其最终找到最适合自己的亲子相处模式。

最后，衷心祝愿每个家庭都告别鸡飞狗跳的青春期，拥有幸福快乐的生活！

目 录

CONTENTS

第三章

认识孩子在青春期的情绪问题

第四章

如何与青春期的孩子沟通

第五章

重新理解青春期叛逆行为

第六章

青春期叛逆，我们该如何解决

第七章

教会青春期孩子自我管理

第一章

认识青春期，青春期就是成长期

第一节
青春期，其实是孩子的自我意识出现了质的变化

青春期，又被称作"青春叛逆期"。青春期的孩子，头脑里总有许多奇怪的想法，也会做很多奇怪的事情。他们有时候像个成熟的大人，有时候又是个幼稚的小孩。

面对青春期的孩子，很多家长都会备感头痛。头痛之余，家长也会发出灵魂之问："我家孩子小时候不是这样的，我家孩子小时候很听话的！可是，他怎么变成现在这样了？"

其实，这个问题的答案很简单——因为青春期孩子的自我意识发生了质的变化。

情景再现

13岁的潇潇是一名初中二年级学生，可是，她给人的印象却还像个渴望获得家长和老师肯定的小学生。如果爸爸妈妈、老师、同学夸她几句，她就能目中无人"尾巴翘上天"；如果谁要是批评她一句，她就能消沉好几天，甚至陷入自卑情绪里。

爸爸妈妈也说不清女儿到底是自恋还是自卑，是外向还是内向。他们就是觉得，潇潇有些喜怒无常。可是，女儿小时候明明不是这样的……

青春期是孩子人生中的重要时期，也是他们由儿童向成人的过渡时期。从生理方面看，青春期是人生发育的第二个高峰期；从心理方面看，青春期则是

孩子的自我意识出现质变的关键时期。

在这一时期，孩子对"自我"的感受和体验已经非常清晰了。他们开始热衷思考自己的事情，也对自己产生浓厚兴趣。如果说儿童的自我认知主要服从成人意见，那少年的自我意识则更多服从于自己的意见。他们会因为自己取得的小成就沾沾自喜，也会因为自己姣好的面容自恋，更会夸大自己的缺陷和不足，产生沮丧心理或自卑心理。所以，引导孩子正确度过青春期非常重要。

家长若想正确引导孩子度过鸡飞狗跳的青春期，就要先对青春期有个客观的了解。而了解青春期孩子的自我意识变化，则是解决孩子青春期叛逆的前提。

情景再现

安安长相甜美可爱，身材却有些胖乎乎的。班上的男生为了逗安安玩，经常喊她"小胖安"。久而久之，安安也觉得自己就是个小胖墩，于是逐渐自卑起来。

其实，安安的身材只能算是微胖，但看着一天天消沉下去的女儿，妈妈还是决定帮助安安减肥。早上，妈妈会早起半小时，带着安安晨跑，晚上则叫着安安转转呼啦圈，跳跳绳。一个月不到，安安就瘦了6斤。

虽然班上的男生仍然会喊她"小胖安"，但安安已经不在意了。

从整体看，孩子会因为自己的生理、心理变化没有按照他们想象中那样发展而自卑。比如，有些孩子会长很多青春痘，有些孩子身材比同龄人胖一些、矮一些，有些孩子长得过高……这些变化会让孩子们觉得自己不如别人。这种自卑心理也会成为叛逆的温床。

对于自卑的孩子，家长一定要注意积极引导，让孩子自信起来。关于引导孩子走出自卑心理的方法，我们可以尝试如下两点。

第一，帮孩子找到自卑的根源。

孩子不会平白无故地产生自卑心理，他们的自卑心理，通常是因为和其他同龄人相比较而来的。比如，身材较胖的孩子，他们会因为自己胖嘟嘟的而闷闷不乐，当家人对孩子说"你少吃两口"时，孩子就会觉得自己受到了冒犯，从而产生叛逆行为。再比如，脸上有青春痘的孩子，他们会因为自己的皮肤问题而唉声叹气。这时，如果家长不帮孩子解决问题，反而抱怨孩子"你怎么这么臭美"，孩子就会对家长失去信心，也会通过一系列叛逆行为来表达自己内心的不满。

对于这种情况，家长要帮助孩子找到自卑根源，比如，带着孩子健身，改变孩子的饮食习惯，帮助孩子正确祛痘等。当让孩子自卑的问题得到解决，他们的叛逆行为也会随之消失。

很多家长觉得，孩子除了学习什么都不必考虑，像减肥、祛痘这样的事情，都应该等他们长大了再做。可事实上，想让自己外形看上去更美，想让自己性格变得更好，这些都是孩子美好的希望。作为家长，我们要理解孩子渴望变得优秀的心情，也要帮助孩子科学地应对青春期的生理及心理变化。

第二，家长可以通过培养孩子其他方面的特长，来帮助孩子增强自信心。

消除孩子自卑感的方法除了帮他们找到自卑根源外，还可以通过培养孩子在乐器、绘画、运动等方面的特长，帮助孩子重拾自信心。不过，家长要注意不能一厢情愿地给孩子报特长班，即便是出于好意，也要征求孩子的同意，否则就容易让事情往相反的方向发展。

除了这两个方法外，家长还可以多鼓励孩子跟品行优良的孩子交往，不要让孩子因为自卑而封闭自我。只有在成长过程中正确认识自己与他人的优点，才能逐渐消除自卑情绪。

大伟的爸爸妈妈都是中文教授，受家庭环境影响，大伟5岁的时候就能背完整本《唐诗三百首》了。上了小学后，大伟经常代表班级或学校参加比赛，在亲戚朋友、老师同学的夸奖下，大伟逐渐变得自恋起来。

在一次重要的省级比赛中，大伟代表学校参加比赛，可最后只获得了第七名的成绩。从此，大伟陷入了自我怀疑中，甚至连学校都不想再去了。爸爸妈妈很着急，思虑再三，他们决定带大伟去"看看世界"。

他们去了特殊儿童学校，孩子们都很喜欢口齿伶俐、和善亲切的大伟哥哥，从特殊儿童学校出来后，他们又去了专门的语言学校，这里有很多语言方面的天才，大伟在这里明白了什么是"人外有人，天外有天"。

在爸爸妈妈的努力下，大伟终于正确地认识了自己，也重拾了自信心。

有些孩子会因为青春期自卑而叛逆，同样，有些孩子或者身材匀称，或者长相可爱，或者有一技之长，他们也会因为周围人（尤其是家长）的过度表扬而失去对自己的客观认识。他们会开始自恋、傲慢、浮夸，而这种膨胀心理也会滋生孩子的叛逆心，让他们无法正确对待青春期。那么，家长应该如何做，才能让自恋的孩子正确度过青春期呢？

第一，要对孩子进行合理的称赞或批评。

有些家长在发现孩子有自恋情况后，通常会批评孩子，放大孩子的缺点，而且不再表扬和赞美孩子，以求孩子能正确认识自己。可事实上，孩子都需要大人的关注和肯定，如果家长只是一股脑地批评孩子，不理会孩子，反而会让孩子产生自我怀疑，从一个极端走向另一个极端。

所以，当孩子出现自恋情况时，家长一定要反思自己，是不是平时对孩子的夸奖太过夸张，以至于孩子不能正确认识自己了。如果是，那么家长要换一种赞美的方式，多说"你已经很不错了，但还有进步空间。希望你能不骄不躁，做一个沉稳的孩子"这样的话来表扬孩子。当孩子做错事时，家长也要注意保护孩子的自尊心，不要打击孩子的积极性。

第二，带着孩子开阔眼界，让孩子自己寻找角色定位。

有些孩子因为所处环境的狭小，所以将眼前的定位误认为是客观的定位。举个例子，一个每次都在县城普通小学考第一，被夸奖是天才的孩子，到了市级实验小学或省级重点小学，很可能只排中上游。为什么？因为孩子所处的环境不一样，学校的师资水平也不一样。当孩子表现出自恋行为时，家长不妨给孩子换个环境，让孩子自己客观地体会自己的角色定位，相信心态就会变得平稳很多。

步入青春期后，孩子的自我意识也会出现质变。此时，家长要做的就是帮助孩子建立自信心，帮助孩子找准定位，这样才能避免孩子在青春期出现叛逆心理与叛逆行为。

第二节
孩子进入青春期的 4 个特征

情景再现

源源妈突然发现五年级的儿子变了很多。之前，源源乖巧懂事，是让妈妈骄傲的小暖男，可刚过完9岁生日，源源就变得叛逆起来，有时还会跟妈妈顶嘴。

这天，源源在吃晚饭的时候，又因为不想吃青椒跟妈妈吵了一架。源源妈心力交瘁，只觉得生活一地鸡毛，心烦不已。她把碗扔到桌上，转身回了房间。

不一会儿，源源爸敲门进来："源源是不是到青春期了？"

源源妈有些奇怪："不会吧，不是十三四岁的孩子才到青春期吗？源源才九岁，怎么可能是进入青春期了呢？"

源源爸摇了摇头："现在孩子青春期都提前了，我看源源就是因为青春期到了才叛逆的，他小时候哪跟我们顶过嘴？"

很多家长被孩子屡次试探忍耐底线后，才突然意识到孩子是进入青春期了。青春期就像一只喜欢恶作剧的小怪兽，它能让原本乖巧听话的孩子，转眼就变得叛逆可怕。

根据传统观念，大部分家长都认为孩子上了初中之后才会迎来青春期。为此，很多家长都会错过对孩子青春期的引导。

事实上，不少孩子从7岁开始就展现出青春期的叛逆了，只是孩子们的性格不同，表达叛逆的方式也不一样，所以在青春期早期，家长们无法及时察觉孩子的心境变化，更不能及时引导孩子平稳度过青春期。

真正的教育是一场成长的修行，在这场修行中，需要成长的不仅是孩子，还有作为父母的我们。为了引导孩子正确度过青春期，我们需要把握孩子进入青春期的 4 个特征。

当这 4 个特征出现时，家长就要按照科学方法，正确处理与孩子的关系了。

青春期特征一：孩子的情绪变得不稳定。

刚进入青春期时，孩子的情绪会变得非常不稳定。一方面，他们开始对父母的安排产生不满；另一方面，他们又没有足够的经验和胆量去反抗父母。这时，他们会因为自己的"弱小""无力""无能"而痛苦、愤怒，这种心理变化会让父母困惑："这孩子怎么回事？因为一点小事情，就开始大发脾气。"

当孩子出现情绪不稳定的情况时，大部分家长都会将其归因于"孩子无理取闹"，觉得过会儿就好了，可这种漠视会让孩子变得更加敏感易怒，也会加剧孩子反抗父母的行为。

青春期特征二：孩子开始顶嘴，或者开始质疑父母。

孩子质疑父母，主要是因为他们意识到，父母并不是什么"盖世英雄"，而是生活中的普通人。普通人就会犯错，所以，孩子会频繁质疑父母，以此证明自己已经长大了。

情景再现

升初一后，小雨从乖乖女变成一个喜欢跟爸爸顶嘴的叛逆女孩。从前，小雨最喜欢跟在爸爸身后，听爸爸讲各种各样的故事。可现在，爸爸一和小雨说话，小雨就不耐烦地摆摆手说道："我跟你们没什么好说的。"

其实，小雨变成这样的原因很简单，她上六年级的时候，爸爸的单位因为效益不好倒闭了。可是，小雨爸爸没有振作起来，反而在家消沉了很久。奶奶经常抱怨爸爸没个父亲的样子，妈妈虽然没说什么，但看向爸爸的时候总是一脸失望。受家庭气氛的影响，小雨也开始觉得，爸爸并不是一个无所不能的人，相反，他更像一个不靠谱的爸爸。

就这样，小雨对爸爸的态度越来越差，即便爸爸已经找到了新工作，小雨还是经常质疑爸爸的言行举止，这让爸爸十分苦恼。

当孩子质疑父母的行为时，父母要做的就是证明自己，证明自己仍然是孩子的榜样。就拿小雨爸爸来说，他应该先用实际行动，向小雨奶奶和小雨妈妈证明自己不但有能力，而且是个合格负责的男人。当他获得小雨奶奶和小雨妈妈的肯定时，相信女儿也会对他有所改观。

家长可以多跟孩子谈谈梦想，谈谈未来，为孩子提供帮助，让孩子看到希望，看到无限的可能性。与此同时，家长也要把自己的近期目标告诉孩子，跟孩子一起努力。当家长用实际行动证明自己拥有榜样的力量后，孩子自然会减少质疑父母的行为。

青春期特征三：孩子开始在乎朋友，甚至比在乎父母更多。

青春期的孩子会发展自己的社会属性，他们开始变得格外在乎朋友，而且他们对朋友的重视程度，要比对爸妈的重视程度更高。为什么？因为孩子要在这一阶段建立自己与外界的联系，要构建自己的人际关系，这是孩子获得幸福感的重要阶段。此时，家长要做的事情就是默默守护，帮助孩子维系值得交往的朋友。

这一阶段，很多家长都会担心孩子的不良社交问题，其实，孩子比大人更懂得朋友的定义。如果朋友没有教唆孩子犯错，没有什么越界的行为，那家长大可尊重孩子的交往意愿。反之，如果孩子的朋友有很多不良嗜好，同时会给孩子带来很多负面影响，那家长一定要重视起来，帮助孩子摆脱不良社交的影响。

青春期特征四：孩子开始关注自己的穿着打扮。

青春期的孩子，会格外注重自己的社会形象。比如，上学之前，他们会花大量时间考虑梳什么发型，穿什么鞋子，背哪个书包。又比如，他们会关注一些明星、模特、博主的穿搭。

很多家长觉得，孩子把时间用在这些事情上就是不务正业。可事实上，孩子只是希望自己是独特的，是受人瞩目的。而且，这一时期孩子很在乎别人的眼光，如果家长批评孩子的穿着，孩子就会觉得"我其实很糟糕"或"原来我的父母很糟糕"。所以，家长倒不如对孩子的穿着持中立态度，甚至还可以给孩子提供一些穿搭方面的建议。

对父母来说，我们最重要的事情，就是让青春期的孩子能尽情张扬他们的生命力，同时也要看好孩子，不要让他们的"野蛮生长"伤到别人、伤到自己。关注孩子的青春期表现，陪伴孩子顺利度过青春期，这对孩子和家长来说都是无比重要的。

第三节
突然变敏感，青春期孩子的性格变化

情景再现

在某知识问答网站上，"处于青春期的孩子，什么样的性格才算正常？"这一问题下，有这样一个回答：

大概是积极乐观、活泼开朗、坚强勇敢，且学习成绩优秀这一类美好的字眼吧。我不确定正常的性格到底是怎样的，但可以确定的是我的性格肯定不是正常的。

从进入初中开始，我就害怕一个人的感觉，害怕别人不理我，害怕别人看不起我。有时候我一个人在路上走，路过一群人时就会特别不自在，如果他们发出笑声，我就会以为是在讨论我；有时候一件很小的事情，因为害怕别人不满意，我就会反反复复确认好几遍；有时候我也会因为别人一句不经意的玩笑而郁闷很久，虽然我表面大大咧咧的，别人可能觉得我会不在乎，但其实心里极其在意。

有一次我大伯因为盖房子的事情，和我家还有我叔叔家闹翻了，我妈被气哭，我知道后就拿着菜刀想冲到我大伯家砍他，我妈拼命拦住了我。

我想，可能我内心就是非常阴暗吧，和美好的字眼永远沾不上边。

例子中的主人公，对自己十几岁的性格定位是阴郁、不正常，这其实是不准确的。严格来说，大多数孩子在青春期展现出来的性格都是正常的，不管是外向还是内向，不管是阳光还是阴郁，只要没有表现出严重的破坏性倾向，任何的性格表现都是正常的。

就拿上面这个例子来说，回答者的性格不过是表现出了敏感的特征，这是非常正常的，尤其在青春期这个节点更是正常不过。

人的性格的形成是一个非常复杂的过程，一般是在先天性格底色的基础上，经由后天影响养成的。心理学家将人的气质分为 4 个类型，即胆汁质、多血质、黏液质和抑郁质。

抑郁质类型的人，通常会表现出沉静含蓄、稳妥可靠、易相处的优势，但是也很敏感，做事优柔寡断，表面开朗，内心孤僻。例子中的回答者很可能就是气质中含有抑郁质特征的人。

另一方面，青春期是一个比较动荡的时期，孩子的性格会因为太多因素的影响而一反常态，敏感就是其中的表现之一。

情景再现

晚上吃完饭，妈妈和琳琳一块儿坐在沙发上看电视，播放的电视剧里有一个女孩穿了件特别宽大的裤子，妈妈就顺口说了句："这姑娘穿这么宽的裤子，看起来有点不协调，很显胖，真是不好看。"没想到琳琳突然激动了起来："穿的裤子宽怎么了？胖就不能穿了？我觉得挺好看的，你这什么审美啊？"

妈妈被琳琳的话惊呆了，以前琳琳从来没这么跟父母说过话，再者，为了一个电视剧里的人，用得着这么激动吗？

原来，琳琳也有件类似的衣服，妈妈当着琳琳的面这样评价那个女孩，就好像是在说自己一样，这让琳琳觉得很不舒服。

琳琳的反常行为，就是太敏感导致的。有的女孩进入青春期后对美的追求程度会迅速加深，会对自己的外表非常在意，也因此会在相关方面变得特别敏感，比如穿着、长相、身材等。像琳琳就是如此，她本身并不是很瘦，在外面可能也被别人评头论足过，因此对"胖"这个字眼非常敏感，当妈妈那样说别人，刚好她又具备类似特征时，就会想当然地联想到自己身上，觉得妈妈是在借着别人教育自己。

同样，当我们把"对美的追求"换成别的事时，孩子的各种敏感行为就都有了合理的解释。比如，有的男孩很瘦弱，常被同学调侃，久而久之，他就会对身材、力量等相关话题、事物变得敏感。

当然了，并不是所有孩子进入青春期都会像琳琳那样敏感，但相较于儿童期，青春期孩子的敏感指数一定是有所增加的。对于这种情况，父母不必反应过度，只要弄清楚原因，给予理解和帮助就可以了。

一般来说，从外在来看，青春期孩子的敏感主要是由两种原因造成的。

一种是自身有明显的缺陷。青春期时，孩子身体发育迅速，但认知水平有所欠缺，还没有形成稳定的自我评价系统，对自己的言行举止或外貌的认识和判断主要是依据外界的评价，如果自身有很明显的缺陷，比如，脸上有胎记、身材过胖、过于瘦小，孩子就会因为别人另类的眼光、嘲笑或议论而变得敏感。

总结来说，青春期的孩子，身体发育迅速，但大脑各区域发展不同步，缺乏知识和经验，对很多事情不能客观地看待，不能形成自我独立的认识，往往人云亦云，跟着别人的思维走。当有人说自己胖，并且胖得不好看的时候，他就会认为自己是不好看的；当别人嘲笑自己瘦弱的时候，他并不会觉得别人是错的，反而会厌恶自己的身体。

另一种是家庭原因。在离异、贫困、父母关系不好的家庭中，由于无法获得足够的安全感，孩子更需要保持一颗敏感的心来应对不同的环境，比如，在父母较为强势的家庭中，为了讨父母的欢心，孩子就不得不学会察言观色，渐渐地就会对周围人的眼神、表情、情绪变得异常敏感。

针对第一种情况，父母首先要引导孩子建立多元化的审美观念，正视他人的评价，告诉孩子美并不只有一个类型，他人的评价只能算是一种参考，而不是定论。其次，要帮助孩子建立自信心，发现优势，弥补不足，或者培养一个特长，以此让孩子获得价值感。最后，父母还要告诉孩子如何应对这些情况，如何更好地进行社交。

针对第二种情况，父母最需要做的就是给孩子更多关爱。当然这种关爱不能只停留在父母的感受上，更得让孩子感受到。如果家庭条件不好，就不要总在孩子面前提钱，反而要告诉孩子一定不要委屈了自己；如果夫妻不和，那就努力修复关系，实在修复不了就果断分开，一个支离破碎的家庭带给孩子的伤害有时候甚至比单亲家庭更严重。

青春期是孩子性格趋于定型的时期，同时也是孩子性格迅速变化的时期。因此，除了敏感之外，还有很多性格特征在这时候也会格外明显，并且这些特征并不是单独存在的，往往有一个时，另外一些也会出现，比如自卑、倔强、容易冲动等会同时出现。我们常说"无热血不少年"，容易激动、冲动行事正是青春期的孩子的重要特征。当然，青春期孩子的性格变化并不是他们刻意为之，而是跟身体发育、认知水平、生活环境等有密切关系，就像上面我们提到的孩子变得敏感的原因一样，并不是他们所能完全掌控的。

对于青春期孩子的性格，很多父母或许会存在一定的误解，认为自己孩子的性格是不正常的，从而忧心忡忡，总想着给孩子纠正过来，结果却越弄越糟糕。

青春期是一个特殊的时期，这一时期孩子的身心会发生巨大改变，情感上也会遭遇一些新的突发状况，再加上越发紧张的学习氛围，在这些因素的内外夹攻之下，青少年就会摇身一变，成为父母口中难以沟通的"新品种"。但其实，孩子的这些变化绝大多数情况下都是处在合理范围内的，是正常现象。对此，父母不必过于忧心，也不必过多干涉。

父母要做的就是多了解青春期孩子的变化，秉持包容、客观的态度，给孩子足够的自由。当觉得孩子的某些行为实在不合适的时候，要先询问，然后站在孩子的角度去说服他，而不要生硬地制止或拒绝。

对于青春期孩子的性格变化，父母不要如临大敌，他们并不是要针对你，更不是要挑战你，只是因为他们在寻找答案的路上也是迷茫的，很多时候他们自己都不理解自己在做什么。也就是说，孩子性情大变，不知所措的其实不只是父母，青少年自己也同样无助。

而作为父母，我们的任务应该是帮助孩子认识自己，共同应对这些变化，而不是和孩子站在对立面，这样不仅不能解决问题，还会加深孩子的无助感，使得亲子关系疏远。

第四节
看得见的变化——身体、情绪、社交、学习

有人说，青春期的孩子就像一颗不定时炸弹，说不准哪个瞬间就炸了起来。这句话对于那些深受孩子"叛逆"困扰的父母来说，是极有同感的。但其实，与青春期的孩子相处并没有那么难，关键是你要深入地了解他们，因为当我们能主动地认识问题、发现问题，也就有了正确解决问题的主动权。

前一节我们提到了孩子的性格变化，如敏感多疑、倔强易冲动等，这些变化与孩子生长发育、认知发展有着密切关系，事实上，生长发育和认知发展所带来的变化，性格只是其中一种，除此之外，还有很多"看得见"的变化，并且这些变化之间往往是相互联系、相互作用的。

第一种变化，是身体、体态方面的变化。

青春期的孩子，在生长激素和性激素的刺激下，个头会明显长高，四肢也会更加发达有力，第二性征显现，眼神也越发坚定果敢。这是他们在体貌特征上最直观的变化。

这些变化很平常，但父母千万不要小看或忽视，尤其是对于男孩，因为它们很可能是孩子在这一时期诸多行为方式变化的主要原因。

以前孩子在面对大人时，由于身高和力量不足，往往需要仰视，久而久之，这种身体上的仰视还会转移到心理上，孩子会认为父母或其他成人都是"巨人"，从而承受着巨大的心理压力。这种压力，是天然的，是弱小生物面对强大生物时的心理感受，并不以被仰视者的态度为转移。也就是说不管父母对孩子多么温和有爱，就算是像朋友一样相处，这种压力也在无形中存在着。

这种压力带来的影响就是孩子在父母面前感到自己力量弱小，从而绝大部分时间都表现得很"顺从"。父母则会因为孩子的弱小自然而然地照顾他们，认为孩子离不开自己，也因此享受到了权威的感觉，习惯了"高高在上"。

在青春期到来之后，孩子的身高、体格、四肢发育到接近成人，有的甚至远远超过了父母。从父母的角度来看，孩子的这种变化会让他们真切地感到孩子的长大，但无微不至照顾孩子的习惯很难改变，同时也害怕自己的权威受到挑战，因此一些父母很可能会采取一定的强制手段。

而从孩子的角度来说，他们在力量上占据了绝对优势，可以平视甚至俯视父母，心理上的压力也会烟消云散。这时候，如果父母还是用以往的教育方式与孩子沟通，内心深处没有了天然恐惧压力的孩子就不会像以往一样顺从，于是就出现了"顶嘴""不敬""叛逆"行为。

第二种变化，是情绪上的变化。

人的情绪和其性格息息相关，一个人的情绪表现受到性格影响，而情绪的流露又可体现出一个人的性格。所以说，我们前面所提到的孩子性格的变化，其实也可以看作情绪的变化，这是孩子大脑发育状况的一种外显。

情绪不稳定、做事冲动、一根筋、自制力弱等，都是青春期孩子明显的性情特征，当然这些主要都是通过他们平常的行为举止表现出来的。

情景再现

前一秒还兴高采烈，后一秒因为别人一句话闷闷不乐半天；昨天胳膊刚拆了石膏，今天腿又磕破了一层皮；为了兄弟义气，会承认自己没有做过的错事；面对父母或是老师的教育，可能瞬间失控；很容易对一些事物上瘾，比如打游戏、玩象棋……

孩子的这些情绪特征与其大脑的变化密切相关。青春期孩子的大脑变化主要表现在两个方面。

一是多巴胺的分泌增多。青春期时大脑运用多巴胺的脑回路变得活跃，这就使得大脑内多巴胺的分泌大大增多。在旺盛的多巴胺滋养下，孩子们往往变得热情奔放、活力四射，但与此同时孩子们也会冲动行事，往往不经周密思考就采取行动，说风就是雨，想一出是一出。

过量的多巴胺还会让孩子们更容易在体验和享受过快乐的感觉后形成路径依赖，从而对那些使他们感到异常快乐的行为上瘾，最终沉迷其中。比如吃高热量食物、玩游戏、喝酒等。

此外，高水平的多巴胺也会使孩子变得盲目乐观，因此表现得有些鼠目寸光。加州大学神经学家西格尔博士曾做过一项调查，发现青春期的孩子会出现一种叫作"过度理性"的表现，即对一件事情，大脑经过评估，会放大积极结果而低估消极结果，这就间接导致孩子做出疯狂举动的概率的增加。

二是会重塑神经元连接网络。我们知道，大脑的发育是至关重要的，而构成大脑的主要物质就是神经元，不过一个人的智力水平并不取决于大脑中神经元的数目，而是取决于神经元所建立起来的连接网络的密度和大小。相关研究表明，人在 13 岁之前，大脑神经元组合的连接网络会根据个体的学习行为而定向发展。例如，如果孩子在 13 岁之前生活在一个艺术氛围浓厚的家庭里，那么他就更容易展现出艺术天分。

为什么天分的展现会卡在 13 岁这个节点呢？就是因为进入青春期，大脑会将过量的、不常用的神经突触连接"修剪"掉，同时长出新的神经元，并重新构建神经元连接网络。这就相当于人们给植物修剪多余枝叶的过程，会让神经元连接网络更加清晰。但同时也断绝了更多连接组合的可能性，因此那些没有被发掘的天分就会消失。

因为这样的"修剪"，大脑便进入了青黄不接的时期，一方面，修剪后的神经元和连接网络，还不具备某些能力，比如保持情绪平衡，使思维与现实协调等；另一方面，新的神经元又未完全长出，彼此间的连接也未建立，大脑就会出现短暂的混乱，因此使孩子在思维上不够灵活，爱钻牛角尖，心理脆弱、承受力差，常感觉压力大，严重时还会引发一些心理疾病，比如抑郁症、情绪障碍、精神分裂症等。

第三种变化，是社交方面的变化。

因为自我意识的增强，青春期的孩子会有意识地回避和长辈相处，更喜欢和同龄人一起交流。由于性生理和心理的发展成熟，青春期的孩子内心更容易对异性萌生好感，也会倾向于和异性交往，但可能会因为一些外界的因素，比如害怕被人说闲话、父母不理解自己等，去隐藏自己的这种倾向，转而变得孤僻。慢慢地，现实中无法满足的社交渴望就会转移到网络上去倾诉。

总之，青春期的孩子一般社交渴望比较强烈，但同时又顾虑重重，容易胡思乱想。这一阶段，父母对孩子社交最担心的莫过于结交到不良朋友，但尽管如此也千万不要做出翻日记、查聊天记录等窥探孩子隐私的事情。

第四种变化，是学习方面的变化。

在前面提到的种种不稳定情况的影响下，青春期的孩子在学习上的精力也会被分散。比如：由于过于沉溺某种情绪而导致上课注意力不集中，容易走神；迷上了某种不费力却能得到快乐的事情，在学习上逐渐松懈；自制力弱，不能专注于学习，无法养成良好的学习习惯等。

在进入青春期后，孩子的学习内容跟以往有很大不同，这就会使一些孩子不能很好地适应，在成绩上产生波动，或者对一些自己没有接触过的事物产生强烈的好奇心，从而忽视了对学习成绩的关注。

总的来说，青春期就是一个充满变化的阶段，对于这些变化，不管看起来是好是坏，只要不是极端的，父母首先要做的就是接受，然后再去了解，并采取合适的方法去引导、去解决。

第五节
青春期，就是从天真多变到敏感叛逆的过程

情景再现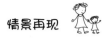

在一个心理咨询网站上有一位妈妈发布了这样一则求助信息：

我女儿今年开学上高三，不久前，班主任跟我反映，女儿和班里的同学关系处得不是很好，原因就是我家孩子太敏感了，同学们都躲着她。

其实，在日常的相处中，我也发现孩子越来越敏感了，现在我和她爸爸跟她说话都得小心翼翼，生怕说错了什么。有时候，随便一句话，根本没有针对她，她也会生气，我的女儿会不会有什么心理问题啊？

问题之下有不少回复，其中有一位心理老师是这么说的："您女儿的这种现象并不是个例，我在与青少年交流的过程中，经常会发现有这样的孩子。他们心理极为敏感，常会因为一些事情烦闷苦恼，而这些事情大部分都是一些鸡毛蒜皮的小事。比如：有的孩子会因为别人一个眼神，就感觉对方不喜欢自己；有的孩子会因为朋友一句并不是针对自己的玩笑话，就不和对方来往。这些情况都是真实且常见的，青春期就是一个从天真多变到敏感叛逆的过程，只要孩子没有出现极端的行为，父母也不必太过担心，但不要放弃与孩子进行沟通，多给予关心和理解。"

对于上面提到的青春期的变化过程，我们可以从三方面来看待。

第一，性生理和心理的发展。

情景再现

今年已经上初二的林林，虽然表面上看起来年龄还很小，其实也到了情窦初开的年纪。平常课余时间，林林喜欢看一些言情小说，常常沉浸于男女主角的爱情故事中不可自拔，也会悄悄在心里想象自己的白马王子。

有一次数学课上，林林向数学老师请教问题，数学老师非常耐心地给林林一点一点讲解。其间，林林抬头看了数学老师一眼，恍惚间觉得他非常像自己看的小说里面的一个男主角，既温柔又博学。从那之后，林林经常在日记里表达对数学老师的倾慕和欣赏，在数学课上也更加认真了。

后来有一天，林林的妈妈不小心看到了林林的日记，觉得女儿对数学老师产生了异样的情感，必须尽快制止。随即她就把林林叫来，从早恋的危害到两个人怎么不合适，说了一大堆，她本以为女儿会明白自己的苦心，却没想到平时乖巧的林林不仅不领情，还和她大吵了一架，责怪她不该看自己的日记。这件事情以后，林林妈妈就发现，林林和自己相处时完全像变了一个人，母女俩的关系也一度恶化。

青春期是由儿童逐渐发育到成人的过渡时期，这个时期的孩子身体外形会发生很大变化，第二性征开始发育，性机能趋于成熟，性意识和性情感有所萌发，这就导致他们更容易对异性产生好感，尤其是那些相对优秀的异性。就像例子中的林林一样，对学识渊博、性情温和的老师，自然而然会萌生出一种想要亲近的感觉。但这种感觉并不是一般意义上的对伴侣的喜欢或爱，更确切地说是一种崇拜和欣赏，是一种单纯懵懂的少女情怀。

对于这种情况，父母没有必要干预。如果干预一定要让孩子感到你是理解他的。如果孩子无法感到父母对他这种情感的理解，就会与父母产生隔阂，认为父母是不可理喻的。现实中很多父母面对孩子的这种情况时往往会像林林的妈妈一样将其归为早恋，从而给予不当的干预，这在很大程度上会导致孩子性情大变。

第二，生理变化和认知水平不同步。

情景再现

小磊从小体格就瘦，长得也很秀气，上了初中之后，身边的小伙伴都一个个蹿成了大个子，但小磊还是原地踏步，跟他们一比显得更瘦小了。

一次课间，小磊和同学们在一块儿闹着玩，突然一个人说道："你看你这么瘦小，跟营养不良似的，像个女的似的，以后怎么跟我们玩啊？哈哈哈……"这句话像根刺一样深深扎进了小磊的心里，他虽然表面上没表现出特别在意，但其实心里难受极了。

那天回到家后，小磊还是闷闷不乐，晚饭时，妈妈说了句"看你这么瘦，多吃点才能长高长胖"，一下子戳中了小磊的痛处，小磊瞬间就爆发了："我不吃了！矮怎么了？瘦怎么了？用得着所有人都跟我强调吗？！"

青春期的孩子激素分泌旺盛，再加上大脑中掌管情绪的部分额叶发育成形较晚，因此青少年对情绪的掌控能力是极弱的，情绪状态就像过山车一般起伏不定，很容易产生极端想法，这就是他们脾气古怪，令人难以琢磨的根本原因。

另一方面，这一时期孩子各方面的经验和知识仍很欠缺，对很多事情缺乏判断能力，不能客观看待，在如今各种信息充斥的时代，难免被误导，从而做出让人难以理解的举动。

就像小磊，因为别人一句玩笑话就对自己产生了深深的怀疑，把他人对自己不准确的评价归咎于自身的原因，这就是认知不成熟的表现。事实上，每个孩子在青春期的情况都是不同的，发育的时间和速度也各有不同，没有人规定男孩就必须高大威猛，瘦小也未必就没有力量。如果小磊能够认识到这一点，相信同学的话也不会给他造成那么深的伤害。

第三，经历心理断乳期。

情景再现

可可的妈妈发现，自从可可上了初中，就跟自己越来越不亲近了，以前总是喜欢和自己一块儿逛街、看电视，可现在连听自己讲几句话都特别不耐烦，更别说一块儿待着了。

有一次，可可的几个同学来家里，她刚出来说了两句话，可可就不耐烦地把她推了出去。这件事情可可妈妈一直记得，她觉得女儿长大了，开始嫌弃自己了，因此难以释怀。

青春期时，孩子或多或少都会对父母产生排斥心理，比如，有的孩子非常不愿意和父母一块儿出现在外人面前，有的孩子则对父母的安排或建议非常反感，但其实，孩子这样做并不是讨厌父母或者对父母有什么特殊想法，这只是因为他们将不再依赖父母当作了实现自我独立的一个重要手段。

孩子从出生起就一直在父母的呵护下成长，习惯于在父母的指挥下行事，虽然有时候也会要求独立，但是对父母的依赖程度一直都非常高。进入青春期之前，孩子对世界更多的是出于好奇的简单探索，对很多事情不会想太多，不会过于深究，这时候的他们是天真且多变的；而进入青春期之后，在知识水平、身体发育、环境改变等各方面因素的影响下，孩子就有了新的心理任务——寻找"我是谁"的答案，他们急切地想要成为独立的个体，因此，会对脱离父母掌控有着无以言表的热情，一旦有人干涉或者情况没有按照预期发展，他们就会表现出激烈的抵触情绪。

在这样一个特殊的时期，孩子必然会出现很多变化，甚至有时候会让父母感到陌生和无能为力，但请不要绝望，也无须感到焦虑，只要你接受这些变化，并给予足够的理解和包容，孩子就一定会慢慢成熟起来。

第六节
每个孩子都有叛逆期，只是程度不同

"孩子一到青春期，就变得极难相处，像'着了魔'一样说什么都不听"，这是每个父母都会遇到的问题。一位母亲就曾描述过这样的场景：

几年前，我在儿子的学校门前，目睹了一个十多岁的男孩跟自己的父母大发脾气、大打出手的情景，当时，那孩子十分激动，不论他的父母说什么，他就只有一句话——"我不用你们管"。我很吃惊，这个孩子究竟为什么会变成这种可怕的模样，转头看了看自己天真乖巧的儿子，我露出了欣慰的笑容。

然而，几年后的现在，我那可爱的儿子每天都要跟我大吵一架，每次都会摔门而出，我做梦也没有想到，他竟会变得这般不懂事，这般叛逆。

许多父母在自己的孩子开始叛逆之前，并不会刻意对这类孩子进行了解，甚至绝不会认为自己的孩子也会变成那样，然而，大多数孩子都难逃离青春期的这一"诅咒"。相关统计显示，绝大多数处于青春期的孩子都存在不同程度的逆反心理，因此，这段时期也被心理学家称为"心理危险期"。也就是说，在青春期，每个孩子都会叛逆，只是严重程度不同。

事实上，人的一生中，通常会出现 3 个明显的叛逆节点，第一个节点在 3 岁左右，第二个在 7 岁左右，第三个在 12 岁左右。

孩子在 2 岁之后会初步产生"自我"的概念，形成自我中心思维，出现"不依赖父母独立行事、自己做决定"的想法，比如，有的小孩在两三岁时会想要挣脱父母自己去拿东西、吃东西。

6岁之后，孩子的自我意识发展进入新的阶段，会产生"比较思维"，即通过与他人对比来评估自己和社会标准的符合程度，并且会逐渐出现自尊的分化。比如，一些小孩上小学之后很容易攀比，自尊心变得极强。

而12岁之后（进入青春期），孩子的自我意识会空前增强，同时伴随着身体的快速发展、体内激素水平的提高，情绪也变得极度不稳定，男孩易被冲动和烦恼困扰，女孩则会承受愤怒和抑郁带来的压力。

在上述这3个阶段中，孩子的叛逆行为通常在进入青春期后表现得最为明显和强烈。为什么会出现这样的现象呢？其实，这跟人脑的不同功能区发育有关。

苏联心理学家、神经心理学创始人鲁利亚博士根据脑的结构与机能之间的联系，经过大量的临床研究和实验室实验，将人脑分为3个基本的功能区。

第一个基本功能区指的是大脑的中心部位，掌管人的觉醒状态，负责人的注意活动，调动着人的注意力。第二个基本功能区是枕叶、颞叶和顶叶所在的区域，其作用是接收各类信息，并将它们联系起来，在感知觉的基础上，完成对各种事物的认知。第三个基本功能区指的是前额叶脑区，也是大脑运动皮层所在的区域，其能够依据第二个基本功能区的信息处理结果，进行组织、计划和控制，完成人对各种事物的反映活动，并对脑的各部分活动进行统合。

现在我们以"家长叫孩子吃饭"为例来了解三大基本功能区的作用，首先第一个基本功能区会通过调节孩子的注意力使他关注某件事情："哦，有人在叫我。"接着，第二个基本功能区会将外部的信息形成有意义的内容，从而被孩子理解："妈妈说12点了，快来吃饭吧，一会儿还要上学。"到这个阶段之后，就轮到第三个基本功能区上场了，它会对这些信息进行评判，然后考虑下一步该做什么。

不过，三大基本功能区的发展和成熟并不是同步的，第三个基本功能区，也就是提供合理判断、冲动控制的前额叶脑区，从 12 岁左右开始发育，直到 25 岁左右才会趋于成熟。所以，孩子在未成年之前，或刚成年之时常常会做出不考虑后果的冲动之举。此外，青春期时大脑杏仁核发育成熟而前额皮质却刚刚初步发育，杏仁核是负责情感驱动的一部分脑区，它喜欢刺激和冒险；前额皮质则主要负责行为控制，抑制某些不合理的举动。这二者生理发育的程度不匹配，就会导致孩子在青春期的情绪呈现极度不稳定且无法控制冲动的状态。

情景再现

一个上中学的男生，常常冲着父母大发脾气，有时候离家出走，偷偷躲起来，看见因为找自己焦急万分的爸爸妈妈，竟然觉得十分有趣。

几年后，男生长大了，回想起那时候对父母所做的种种，无比懊悔和内疚，但连他自己也不知道当时为什么会那样。

叛逆其实并不是孩子故意为之，而是其生命成长过程中必然要经历的。有的孩子即使在成年之前没有表现出明显的特征，成年之后也会在某种契机之下展现出来。

至于为什么不同孩子的叛逆程度不同，一种可能是跟孩子本身性格等因素有关。性格内向、比较文静的孩子，即使处于叛逆期也不会做出太多过火的举动，他们更多的是有疯狂的想法但很少付诸实践，情绪上波动会比较大，内耗严重；性格外向、个性张扬的孩子，则更容易出现比较激烈的逆反行为，往往会冲动行事，出现和父母强硬抗争的情形。

另一种可能就是外界影响在起作用，其中家庭环境、父母的教育是主要原因。

情景再现

文文的父母离婚了，各自都重新组建了家庭，文文跟着母亲一起和继父生活。母亲和继父结婚后很快就有了自己的孩子，并且将很大的精力都放在了新出生的孩子身上，尽管对文文也没有忽略，但在这种特殊的家庭环境中，文文还是感到不自在。

看着母亲和继父一家三口其乐融融的样子，文文觉得自己像个局外人。渐渐地，这种对父母关爱的渴望就转化成了愤怒和恨意，文文就像变了一个人一样，开始和父母大吵大闹，经常摔东西，还会做一些疯狂的事情。

例子中的文文算得上比较严重的叛逆，而导致她变成这样的原因是家庭发生了变故。事实上，文文的叛逆就是要以一种激烈的方式，引起妈妈的注意，让妈妈看到自己的恐慌和无助，让妈妈知道自己真的很需要她的关心和爱。

家庭是孩子成长的摇篮，父母之爱是孩子安全感和归属感的主要来源，当父母关系恶化，家庭支离破碎，孩子自然会受到极大的伤害。就像文文一样，面对父母离婚又各自再婚生子，她的内心是非常孤独和无助的，再加上正处于青春期，性格变得敏感，容易想得多，这种情况下就需要更多的爱才能抚慰，然而，父母都把精力放在了自己的新家庭上，对文文的关注自然不够，久而久之，无法被满足的情感需求就变成了叛逆。

这也告诉父母们，相比于物质需求，孩子的情感需求更加重要。换句话说，只有让孩子感受到父母的爱，感受到家庭的温暖，他才能更加平静温和，尤其是在青春期，父母一定要给予孩子足够多的关爱。

除了家庭的和睦程度以外，父母的教养方式和孩子的叛逆程度也有着千丝万缕的联系。

婷婷的父母最近很苦恼，因为以前非常懂事的婷婷自从上了初中之后突然变得不听话，还会故意和他们对着干，不让做什么就偏做什么。

比如有一次，婷婷去学校时要穿短裙子，妈妈就说穿成这样不合适，而且不好看，让婷婷赶快换下来。谁知婷婷不仅没换，反而又加了很多夸张的配饰。

其实婷婷这样做只是因为反感妈妈的反应。婷婷的父母一贯喜欢使用否定的方式来评价婷婷的各种行为，即使在婷婷做得很好的情况下，也会想方设法地挑出一些问题。他们的目的是直接指出孩子的不足以促使她变得更好，可在婷婷看来，父母给自己的只有打击和嘲讽。

上了初中之后，婷婷的心思更细腻，情感也更加丰富，父母每次这样的回应都会让她产生很多负面情绪，最终婷婷实在受不了了，才会选择和他们对着干。

什么是好的教育？这个问题没有标准答案，但可以肯定的是，好的教育一定是以鼓励和理解孩子为基础的。一般来说，打击式、否定式、控制式教育最容易导致孩子叛逆。因为在这样的教育中，孩子感受不到自己作为一个独立个体应该得到的尊重，感受不到自我的价值。这种情况下，一旦孩子有了较强的自我意识，就会对父母进行激烈的反抗。

可以说，所有的孩子都存在叛逆期，但并不是所有的孩子都会严重叛逆。如果父母能够根据孩子本身的特点，给予足够的爱、合适的教育和引导，就能在很大程度上降低孩子的叛逆程度。

第二章

换种理念爱孩子，从根源上减少叛逆行为

第一节
别怀疑，青少年其实比看起来更需要你

提到青春期，很多人下意识地把它和叛逆期画上等号，而对于叛逆，父母往往会把关注点放在叛逆本身带给自己的困扰上。他们会不断抱怨叛逆的孩子是多么难搞，孩子的叛逆让自己的生活一团糟，他们无比渴望能有一种方法将自己彻底解救出来。

可以说，面对孩子的叛逆，父母是聚焦于自身的。可是，他们很少去想，导致孩子叛逆的根本原因是什么，要如何减少孩子的叛逆行为，以及叛逆的孩子最需要的是什么。

这反映出来的一个事实，就是父母根本没有真正地认识叛逆，不知道叛逆的本质是什么。在他们看来，叛逆就是孩子不服从管教，就是孩子在犯错。

对此，中国青少年犯罪研究会副会长李玫瑾曾经举过一个形象的例子：

对于父母来说，孩子回到家里，你让他站住，他站住了，这就不是叛逆；如果你让他站住，他不仅没有站住，还进了屋里，砰的一声将自己的房门关上了，这就是叛逆。

父母下意识地认为自己的想法、决定是正确的、不容置疑的，孩子不听话就是错的，就是逆反心理在作祟。

然而，父母这样的理解是非常不准确的。叛逆不是犯错，更不是孩子一个人的错。导致孩子叛逆的原因是多方面的，甚至有时候父母才是罪魁祸首。

某网站上在"什么样的孩子最容易叛逆"的问题下，获赞最多的回答是"被父母控制的孩子"。

在这里，我们要分清两种叛逆：一种是正常的个性显现，一种则是严重的逆反心理。

其实每个人都会叛逆。一般情况下，人的一生中存在 3 个叛逆期，有的人甚至成年之后还会叛逆，这表明"叛逆"是每个人成长过程中不可避免的，只不过是严重程度不同罢了。正常程度的叛逆并不是坏事，它是孩子独立意识和个性的显现，是个体生长发育必然要经历的。值得注意的是，严重的叛逆往往与父母的教育脱不了干系。

事实上，很多孩子在真正进入那种疯狂的叛逆状态之前，都会给出一些信号，就像前面我们提到的青春期孩子生理和心理上的一些变化，或者孩子向父母问了奇怪的问题等。如果家长能尽早察觉，再施以合理的教养，就能有效降低孩子的叛逆程度。

情景再现

一个初中的女生，喜欢上了学校的一个男生，回到家后，她试探性地对父母说道："我们学校有个男生长得又高又帅，学习好，篮球打得很棒，很多女孩子都给他写情书。"

"你可别学她们，"女孩妈妈皱着眉头语气严肃地说道，"年纪这么小，就想着谈恋爱，长大后那还得了。"

不久后，女孩和她喜欢的男孩恋爱了，还因此和父母大吵了一架，差点离家出走。

同样一个初中的男生，喜欢上了学校的一个女生，他回到家后，一脸惆怅地问父亲："爸爸，你当年是怎么把我妈妈追到手的？"

男孩的爸爸一眼就看透了男孩的心思，便问："是不是喜欢上哪个小女生了？"见男孩害羞地低下了头，爸爸接着说道："那个女孩子一定很优秀，而优秀的女孩子往往会喜欢有才华的男孩子，唱歌、跳舞、运动、学习……你现在年龄还小，可以趁着这段时间让自己变得更好，爸爸相信，那个女孩一定会注意到你的。"

这之后，男孩更加努力地练习他喜欢的小提琴，在学习上也更加用功，还发展了其他的爱好……

然而，现实却是大多数家长都不能感知孩子异常的苗头，当他们回过神时，孩子已经出现了一个又一个的叛逆行为。

可以说，在孩子叛逆这件事情上，父母的教育和引导至关重要。那些看起来没有叛逆期的孩子，除了一部分在自我压抑外，另一部分就是因为父母适当的教育与他们所展现出的棱角相互磨合，从而有效降低了他们的叛逆程度。

换句话说，这些孩子并不是没有叛逆，只是父母接受了他们的小个性和与众不同，并引导他们去客观对待这些棱角，进而达到了一种相对和谐的状态。而当孩子已经出现了叛逆行为或者说已经进入了叛逆期，他们内心对父母的爱和理解的需要依然是存在的，并且不但不会消减，反而会更加强烈。

叛逆的孩子其实就像一只炸了毛的小狮子，外表看似张牙舞爪，内心实则不堪一击，急切地需要父母的安慰。

情景再现

十几岁的表弟突然进入了叛逆期，在家里经常和姨妈姨夫顶嘴吵架，有时候还会埋怨他们没本事，说很多难听话。这让姨妈非常心寒，觉得自己辛辛苦苦把他养大，反而落得埋怨。

后来，通过和表弟聊天我才知道，他的叛逆是有原因的。

表弟说："别人家的孩子父母三天两头地到学校去看他们，我父母忙我知道，我也没要求他们天天看我，但最起码放假的时候来接我吧，每次都是我自己回家。我们家条件不好我知道，但是出门为什么不能打扮得干净得体一点啊？让我在同学面前很没有面子……"

表弟看似没有道理的叛逆，其实是忍受到极限的爆发。他希望父母能多些精力放在他身上，能够站在他的立场上去思考一些事情。这些要求并不过分，但父母总是做不到，于是忍无可忍之下，他就爆发了。

但是，这种爆发并不预示着情况无法挽回，而是对父母更直接的明示，或者说是"求救"：你们快点看看我吧，多关心关心我吧！

从心理学的角度来看，一个人生气愤怒的时候，正是他最脆弱的时候，因为只有无计可施，才会展现出最癫狂的状态。所以，孩子生气、发脾气、情绪激动并不是在向父母示威，而是在求助：爸爸妈妈快点救救我，我真的不知道该怎么办了！

听话的孩子总是相似的，而叛逆的孩子各有各的特点。他们虽然存在一定的共性——脾气暴躁、情绪波动大、不与父母交流、反感他人的批评、几乎拒绝所有要求他们做的事情，但也往往在其生活的各个领域，以各种不同的方式，展现自己挣扎的痛苦。而这些痛苦，他们其实迫切地需要父母来帮助他们缓解和消除。

是的，你们的孩子远比你们想象的更需要你们。就算是叛逆的孩子，也并不是一门心思地要摆脱父母。他们一面渴望独立，希望摆脱束缚，认为成人不理解自己，对成人不满和不信任，更在乎同龄的同性朋友；另一面，他们也希望拥有值得信赖的成人朋友，可以向其吐露自己的心声，获得理解和支持。

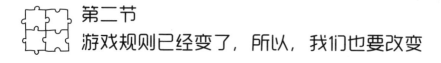

第二节
游戏规则已经变了，所以，我们也要改变

请各位父母回想一下，孩子在叛逆的时候，你是如何与他相处的呢？

非打即骂？拳脚相加？怒视无言？我想，大多数家长都会给出这样的答案。毕竟孩子总是让人不得不发火！

在面对叛逆的孩子时，父母们经常会产生这样的感觉：自己和其他家庭成员就像是他的人质一样，想怎么处置要随他的喜怒哀乐而定，他能轻易挑起自己的怒火，控制自己的心情，就好像他是整个局面的掌控者，而自己只能任他摆布。在这样的感觉作用下，父母就会特别容易愤怒，认为自己的权威受到了挑战，最后不得已就会使用暴力的方式来维护。

然而，父母这样做其实完全弄错了方向，因此结果往往是不仅不能震慑住孩子，还会使他更叛逆。从生理和心理的角度来看，孩子叛逆的根源就是自我意识的增强。孩子觉得自己长大了，具备了了解这个世界的能力，可以摆脱对他人的依赖，成为一个真正独立的个体，为此会做出一系列的努力。

而这其实展现出来的也是他们对曾经的自己的一种不满，在他们眼中，以前那个不懂得反抗、不懂得维护自我意愿的自己是逆来顺受的，是依附于他人存在的，这是拥有强烈的个人独立意识的他们极其厌恶和不允许的。

也就是说，在孩子的潜意识里他们真正对抗的并不是父母，而是那个独立意识还没有觉醒的自己。

在父母眼中，现在的宁宁是一个十分叛逆的女孩，她会将头发染成夸张的颜色，穿着暗黑色系的衣服，满嘴飙脏话地打游戏。

可在宁宁看来，这才是真正的自己。她说："以前，我都是按照父母的想法去活，为了让他们高兴，一心只想着学习，做一个懂事的孩子，其实心里一直都知道那不是真正的自己，只是一时间还没有勇气去打破周围看起来一团和气的氛围。随着年龄的增长，我越来越觉得生活应该是属于我自己的，我不是谁的附属品。我要按照自己的想法去活，才不会辜负这一生。学习之余，打打游戏、拍拍照、穿自己喜欢的衣服、和喜欢的人交往，不用顾虑那么多，想怎么来就怎么来，这样的状态真的非常让人放松。可是回到家里，束缚的感觉又回来了，父母会围着你说衣服怎么怎么样，头发怎么怎么样，想法怎么怎么样，那一刻，我真的想大声告诉他们，以前的我根本不是真正的我。真正活过之后就再也没有办法回到那种假装很听话的状态了，我没有办法不叛逆。"

青春期，孩子会产生很多新的想法，对世界也会有新的认识，其中一些孩子会萌生强烈的想要掌控自己命运的冲动，渴望摆脱那个活在别人眼中的自己，换一种全新的方式生活。宁宁就是一个典型的例子。

奥地利心理学家弗洛伊德曾于"心理动力论"中提出精神的三大部分，即本我、自我和超我。其中，本我是人潜意识下的状态，包含着人各种最原始的欲望，是无意识的、混乱的、非理性的；超我是人的理想状态，具有自我监控、抑制本我冲动、追求卓越的作用。对孩子来说，本我就是他最真实的样子，而超我则是外界要求或期望成为的样子，这两者一般是相互对立的，但在某种条件下也能相互融合。

而叛逆从某种程度上来看，就是孩子的本我与超我发生了严重冲突，在不断对抗。父母对叛逆孩子的管教之所以毫无用处，甚至会产生反作用，就是因为他们的干预往往弄错了方向——站在孩子"超我"的一方，打击孩子的"本我"，这无疑会加重孩子的逆反心理。

事实上，在这场孩子与自己的战争中，如果父母能扮演好旁观者的角色，适当给出一些安抚和建议，而不是擅自进入其中甚至成为帮凶，叛逆问题就能更好地解决，或者说至少不会恶化。也就是说，要更好地应对和解决孩子叛逆问题，父母要率先做出改变。

第一，控制情绪，避免被情绪掌控。

有太多的父母在面对叛逆的孩子时情绪是失控的，而在应对叛逆的方法中，强调最多的，就是"冷静"！这一点都没错，在面对一个歇斯底里的孩子时，冷静就意味着逃脱了情绪的掌控，掌握了局面的控制权。

但最大的问题是，在那样的情景之下，父母们压根冷静不下来，如此，先决条件崩塌了，之后的方法再有效果也无用武之地。所以，一切的关键就在于如何让父母在充满火药味的战场上，尽可能地缓和情绪，平复心情。

首先，聚焦于自己的家庭问题，不要比较，不要羡慕。

很多叛逆孩子的家长都会产生这样的疑问：为什么别人家的孩子总是那么听话，而我们家的孩子却总是跟我对着干呢？就好像自己是全世界唯一受到这个问题折磨的人，只有自己需要面对一个发疯似的孩子和一个近乎支离破碎的家庭，而周围的家庭都是那么其乐融融，父母看起来轻松得意，孩子们优秀懂事。当父母抱持这样的想法，带着极其消极的情绪面对一个叛逆的孩子时，潜意识里就会对其持有非常负面的看法，进而对孩子百般挑剔，越看越不顺眼，情绪就很容易失控。

其实，事实并不像你想的那样糟糕。因为你的孩子绝不是一个万里挑一的怪胎，而你也不是那个倒霉透顶的父母。在和叛逆同行的道路上，你拥有千千万万个同伴。每个家庭都有属于自己的亲子难题，即使不是叛逆，也足够让人焦头烂额。所以，你大可不必羡慕其他家庭，加重自己的恐慌。

你要做的，就是聚焦于自己家庭的问题，调整好自己，包括身体、情绪和心态，只有当父母处于一个良好的状态时，孩子才能从其身上获得正能量。

其次，多把注意力放在自己身上，关注孩子以外的生活。

拥有一个叛逆的孩子，父母是不可能彻底摆脱焦虑不安的，但是一定要适当地放松自己，多花些时间做一些缓解压力的事情，比如，和朋友逛逛街、看看电影、跑跑步等，稍微将注意力从孩子的事情上移开，多发展或维持自己的兴趣爱好。

很多夫妻在有了孩子之后，总会把生活的重心转移到孩子身上来，家里所有的开销、决定，都是围绕着孩子来，这是不合理的，孩子并不是父母的全部，父母也不应该只为了孩子而活，太多的爱有时候反而会成为负担和伤害。只有每个人都努力过好自己的人生，整个家庭才会幸福。父母只有把自己从围着孩子转的旋涡中抽离出来，才能真正地感受到生活的美好，进而保持健康愉快的情绪状态。

最后，一定要与其他的家庭成员保持畅快的沟通，尤其是伴侣之间。

很多时候，父母在教育孩子时总会掺杂来自其他方面的情绪，尤其是夫妻矛盾、婆媳矛盾，这会严重影响教育的效果。另一方面，应对孩子叛逆，其他家庭成员之间如果不和谐，问题解决起来就会更加困难。

因此，除了孩子之外，家庭的其他成员之间有问题一定要及时解决，不要闭口不谈，更不要冷战，要一致应对孩子的叛逆，而不是各自为营。

第二，改变行为，用实际行动告诉孩子你和他是同一阵营的。

要想改变，就要更了解自己。家长们需要对自己为人父母的样子有个清楚的认识，回想一下自己和孩子的相处，是否存在积极的行为？包括微笑、眼神鼓励、拥抱、点头、静静地听他说话、称赞他学习以外的事情？如果存在，频次如何？

实际上，当你能够做到上述所有行为时，你和孩子的关系就会有很大的缓和。孩子可能不会表现出来，但他心里是非常高兴的。但若这些行为你都没有，或者很少，那么从现在开始，你就要付诸行动了。这其中的一些行为可能让你难为情，比如，拥抱、说"我爱你"等。没关系，你可以用自己喜欢的方式代替，但必要的时候，你还是要刻意地去尝试。

接下来，是消极的行为，如吼叫、频繁诉说自己为人父母的不容易、刺激挑衅、讽刺挖苦、不遵守承诺、唠叨、贬低、否定、打断等。

对于这些消极行为，父母可能也为自己做过辩解——我吼他是因为他正在做十分危险的事，我唠叨他是怕他记不住，我挖苦、刺激他是想让他放弃自己那可笑的想法……

总之，你总有不得已的苦衷，或是形势不允许，或是你太爱他了。但不管出于什么样的原因，你都无法抹除这些行为对孩子造成的伤害和影响。

生活中我们常常能看到这样的组合：一个喋喋不休的母亲，一个满脸不耐烦、说不准哪个节点就脾气爆发的孩子；一个暴躁、爱打孩子的父亲，一个倔强但又胆怯的孩子；一个总爱讽刺人的妈妈，一个自卑怯懦的孩子……

当然，我只列举了几种情况，同样的情境下，孩子的表现受其个人意志、思想等的影响也是不同的。他们可能是内向的，也可能是外向的；可能非常懂事，也可能我行我素。但毋庸置疑的是，受到父母消极行为影响的孩子都会或多或少地存在一些消极的特质，如十分敏感、内心自卑、缺乏安全感、没有主见、不敢尝试新事物等。而这些就有可能成为引发孩子叛逆的潜在因素。

当面对已经处于叛逆状态的孩子时，这些消极的行为将具备更强大的杀伤力和破坏力，尤其是吼叫、侮辱、讽刺、唠叨、威胁以及总是用他人的看法来评判孩子等，这些行为不仅不能够解决问题，还会将局面弄得更加糟糕，让孩子感到厌烦、无助，且更加怨恨父母。

客观地说，以上这些行为是不可能完全避免的，但是我们可以在很大程度上控制它们发生的强度和频率。父母们总认为自己和叛逆的孩子是敌对的关系，于是着急地拿起刀枪参与对抗，结果往往伤了自己也害了孩子。

要知道，游戏规则并不是这样的。父母的敌人从来不是孩子，孩子要反抗的也从来不是父母。孩子或许只是想做真实的自己，或许只是不喜欢某一种教育方式，或者仅仅是一只迷路的小羊羔在横冲直撞。父母要做的就是调整好自己的状态，从第三方的视角观察和保护他们，而不是站在孩子的对立面与孩子"搏斗"。

第三节
解决叛逆问题，你其实需要孩子的帮助

面对叛逆，有太多的家长感到心力交瘁，觉得自己什么方法都试过了，该做的也都做了，却好像没什么作用，孩子还是该如何就如何。好像自己的孩子是最难搞、最特殊的那一个，所有别人使用的、书里推荐的有效的方法，到了自己的孩子这里都失去了效用。于是你开始觉得他可能就这样了，那些书里讲的道理都是骗人的，叛逆的问题根本没法解决……

其实，事情并非你想的这样。你事倍功半的原因，可能仅仅只是你没有得到孩子的帮助。是的，解决叛逆问题并不是父母的独角戏，孩子也是主角。

前面的章节中我们已经提到，叛逆的孩子所要反抗的并不是父母，父母和孩子之间从来都不是敌对的关系，父母不应该将自己摆在孩子的对立面孤军奋战，而应该联合孩子的力量共同应对叛逆。

当你感到极度乏累却丝毫没有效果时，很可能就是你和孩子之间出现了阻碍，那些看起来没有叛逆期的孩子或者即使叛逆也很容易管教的孩子，就是因为他们和父母的沟通是顺畅的，他们站在了"统一战线"去共同应对青春期那只来势汹汹的猛兽。

情景再现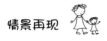

同事小张最近身心俱疲，公司新开了项目，压力正大，好巧不巧，又赶上自己儿子的叛逆期。她白天因工作忙得焦头烂额，晚上回到家还得解决孩子叛逆的问题。

之前，小张的儿子非常听话，学习也很优秀，每次考试都是名列前茅。他在学校认真学习，回到家主动写完作业后还会帮父母做家务，是父母和周围朋友眼中的好孩子。小张觉得自己很幸运，一直以来她也没有对孩子特别教育过，孩子总是这般优秀。

就在她以为这样的情况会一直维持下去的时候，事情却一点点地发生了变化。

到了初二，情况更严重了。小张的儿子像变了一个人一样，不仅变得讨厌学习，还学会了抽烟、打架，期末成绩更是差得一塌糊涂。由于在校多次违纪，经学校老师劝告仍旧没有变化，老师就通知了家长，让他回家反思。

但是同事小张也不知道怎么办才好，她儿子基本上拒绝和她交谈。她白天上班压力很大，下班回家已经非常疲倦了，没太多精力去追问儿子的状况。于是母子关系越来越紧张，基本属于无话可说，一交谈就吵架的状态。

同事小张和儿子这种情况就是典型的父母与孩子之间沟通不顺畅，缺乏信任的表现。父母对孩子关心太少，不了解孩子，孩子也因此闭口不谈，拒绝和父母沟通，最终出现了问题。孩子不能很好地处理，但也不信任父母，不想跟父母说。而父母想搞明白情况，却被孩子拒之门外，自己也只能干着急。

同样的情形，如果父母和孩子之间沟通顺畅的话，问题是很容易解决的。比如，小张的儿子足够信任自己的父母，他遇到了什么难以解决的问题时，就会和父母倾诉。如果父母再给予合适的引导，之后的叛逆也就不会出现了。

是的，要解决叛逆问题，父母离不开孩子的帮助。换句话说，只有孩子肯和父母合作，能够听一听父母的话，教育才有可能起作用。如果孩子连父母的面都不想见，那一切也就无从谈起。

或许，会有家长说，如果孩子肯跟你交流那还叫什么叛逆？叛逆的孩子都是很疯狂的样子，是不会坐下来跟父母交流的。错！叛逆的孩子并不是疯子，如果他表现出了疯狂的特征，那就意味着他不仅仅是叛逆了，他应该还有其他的问题。

父母们之所以觉得叛逆的问题难以应对，就是因为缺少了孩子的回应。对此，父母应该从以下几方面反思并更正自己的行为。

第一，选择合适的教养方式。

尽管孩子的叛逆是多方面原因造成的，但父母往往难辞其咎。我们应该意识到，很多时候，是父母错误的处理方式，才让孩子从不能控制的轻微叛逆，变成了真正的刻意反抗。

父母效能训练创始人戈登曾说："青春期孩子叛逆的对象是父母吗？其实他们深爱着父母，他们叛逆的是父母错误的养育方式。"

在孩子的心目中，父母的位置是不可替代的，他们对父母的感情远比我们想象的深厚得多。那些严重叛逆的孩子，如果我们深入了解他的过去就会发现，他很可能有一对压根不懂得怎么教育他的父母，他和父母的关系一直都很紧张。换言之，在教养方式合适的情况下，孩子是不会出现严重叛逆行为的。即使他们叛逆了，也不会和父母闹得太僵，双方仍旧可以通过沟通来解决问题。

是自己太强势，还是孩子太叛逆？

是自己管得太多，还是孩子不懂事？

是自己太被世俗观念所累，还是孩子太自我？

……

这是每个父母都应该静下心来思考的问题，当弄清楚这一点时，也就抓住了解决问题的关键——适当地改变自己和孩子相处的方式，拉近与孩子的距离。

第二，掌握有效的交流方法。

情景再现

晴晴刚踏进家门，妈妈就怒气冲冲地走过来问："你到底怎么回事？为什么顶撞老师，你怎么越来越无法无天了？"

"你知道发生什么事了吗？"晴晴话还没说完，就又被妈妈撑了回去："发生什么情况你也不应该在课堂上和老师争执，你快点去跟老师道歉，否则就别进这个家门了。"

"行，不进就不进。"砰的一声，晴晴摔门出去了。看着女儿离开时的背影，妈妈更是气不打一处来："这孩子怎么这么难管！"

对于青春期的孩子，很多父母都会觉得跟他们没法交流，因为他们根本不会坐下来听你讲话，经常是还没说一句，就开始不耐烦了。这看似是孩子的问题，但其实父母也有责任。

就像例子中的晴晴和妈妈，晴晴在课堂上和老师争执固然不对，应该批评，但是晴晴的妈妈也太过急躁，不等孩子解释就劈头盖脸地数落一顿，这种情形下，孩子又怎么能静下来听妈妈说的是什么，思考妈妈说的是不是有道理呢？

很多时候父母的教育之所以不起作用，就是因为孩子没有听到心里去，这并不是他们不想听，而是父母说话的方式让他们很抵触。青春期的孩子或者说叛逆的孩子，他们再怎么不同也是孩子，也是普通的人，因此一定存在让他们受用的沟通技巧，只要灵活运用这些技巧，他们就能安静下来和父母好好地聊天。比如，有的孩子脾气大，那你就不能跟他针锋相对；有的女孩很爱美，从打扮入手更能让她敞开心扉；有的男孩自尊心特别强，那就不要总是直接指出他的缺点。

总之，只有让孩子不抵触，你的说教才管用，否则只会事倍功半。

其实，孩子身上的很多问题都能从他们和父母的相处模式中找到答案，叛逆也是一样。前面我们说到，青春期孩子有一些逆反心理是正常的，这是他们自我意识和独立意识增强的表现，而严重的叛逆往往是外力所致，其中父母不当的教养方式是主要原因。因此，要解决叛逆问题，父母首先要把自己身上的问题处理好，不要对孩子产生负面影响，慢慢赢得孩子的信任。只有这样，父母和孩子的沟通才会是顺畅的，也才能精准对抗叛逆，不必分散精力去应对其他的问题。

我们常说青春期的孩子就像一只张牙舞爪的小野兽，如果父母一味与他们针锋相对，只会更大地激发他们的反叛精神，让他们更加叛逆。

亲子教育中，双向的信息流动非常重要，仅靠父母单方面的说教，是很难产生积极结果的，只有当孩子愿意聆听和配合时，问题才有解决的可能性。

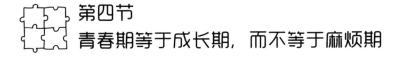

第四节
青春期等于成长期，而不等于麻烦期

在青春期叛逆越来越普遍和难以应对的情况下，越来越多的父母对孩子进入青春期变得分外担忧，生怕孩子会出现什么意外情况。

前不久就有一位朋友找我聊天，话里话外透露出的都是对孩子即将进入青春期的忧虑。她说："孩子进入青春期就会和父母疏远，什么都藏在心里，发生什么我们也不能及时知道，这要真出点什么不好的事，可怎么办呢？"

的确，近年来因青少年心理出现问题而引发的悲剧事件越来越多。中国科学院心理研究所发布的《中国国民心理健康发展报告（2019—2020）》显示，我国青少年抑郁检出率为24.6%，其中重度抑郁的检出率为7.4%。可见，青少年群体中心理健康问题的严重程度。

对于这些情形，有不少家长会将其归咎于青春期这个特殊的时间段，认为在青春期孩子更容易出现不可预料的危险情况，更有可能受到伤害，也因此聚焦于青春期的负面影响，而忽略了它对孩子产生的积极作用。

情景再现

周末，明明的妈妈在家里做家务，收拾厨房时看见有一袋粮食放在地上就想着放得高一些，可是当她提起来往柜子里放时，由于没站稳，一不小心磕到了自己，粮食也掉了下来。正在这时，明明从外面回来了，走过来帮妈妈把粮食放到了柜子里。

明明妈妈本来以为是孩子爸爸回来了，没想到是儿子。她心里又惊又喜，原来不知不觉间，孩子的力气已经这么大了，看着比自己个头还要高一截的孩子，她默默感叹，儿子真的长大了。

对于孩子的青春期，父母往往忧多于喜。的确，青春期的孩子是会出现很多意想不到的情况，但是客观来看，青春期对孩子来说是一个非常关键的成长时期，所带来的利是远远大于弊的。

青春期孩子身高会迅速增长，身体力量大大增加，第二性征出现并趋于成熟，具备了成人感，这是他们逐渐成熟的标志，也是将来独立生活、组建家庭、承担责任的基础。

从心理意识方面来看，青春期孩子自我意识和独立意识的增强，让他们有了自己的观点和判断是非的标准，开始独自思考和探索，具备了独自面对未来生活的勇气和信心；性意识和性心理的发展让他们更明白性别的边界，有利于扩大交际圈子，学习异性的优点。

从思维思想方面来看，青春期孩子的思维水平接近成年，但是由于缺乏经验，在一些事情的处理上会考虑不周。不过这并不是坏事，这正是锻炼他们独立思考问题，增强思维独立性的好时机。

青春期是孩子快速成长的时期，他们所展现出来的很多特点都是他们自然成长和成熟的体现，是在为他们今后的人生做铺垫。倘若从这样的角度去看待青春期的到来，那孩子的青春期就是一件值得高兴的事。是啊，有什么比一个小生命的长大、强壮更值得让人欢喜呢？

然而现实却是，父母往往对青春期存在误解，对孩子的成长更多地抱持悲观态度，这就导致他们在面对青春期的孩子时可能采取不恰当的教育方式，使孩子受到负面影响。

从某个角度来说，父母对待青春期不恰当的态度，也正是引发孩子出现严重叛逆行为的导火索。

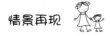

涛涛上了高中后，非常有自己的想法，这其实是一件好事，表明涛涛是个很有主见的人。涛涛的爸爸却认为这是一个危险信号，预示着涛涛会越来越不服管教。在涛涛爸爸的观念里，孩子就是父母的所有品，孩子听父母的话是天经地义的，而青春期就是一个叛逆的时期，必须对孩子进行严厉的教育，否则孩子就会学坏，变得不听话。

因此，他开始对涛涛的行为进行严格管控，总是否定涛涛提出的想法和要求。可没想到的是，一段时间后，涛涛不仅没有如他所愿变得更听话，反而开始真正地叛逆了。

以前的父母大都秉承"天下无不是的父母"的观念，现在的父母虽然已经不会这么想，但潜意识里还是不能把孩子当成平等的个体来对待，他们想的并不是如何让孩子变得更好，而是怎样控制孩子，让孩子更听话。在这样的观念引导下，父母就很容易采取那些控制式、打击式的教育，孩子也就更容易叛逆，尤其是在青春期这样非常不稳定的阶段。

有的父母会觉得孩子太自我，更容易走弯路，也会一味地想限制他们，结果却是冲突重重。

可以说，父母对待青春期的态度在很大程度上决定了孩子如何度过青春期，也影响着孩子在青春期的成长。

情景再现

兰兰马上要上中学了，这本来是一件很开心的事情，可兰兰妈妈却一点也高兴不起来。

原来，兰兰的新学校离家比较远，需要住校，而兰兰又从来没有在外面住宿的经历，所以兰兰妈妈很是担心，害怕兰兰不习惯，跟舍友处不好关系。再加上看到很多青少年出现心理疾病的报道，兰兰妈妈更是忧虑，生怕女儿在学校遇到什么不好的事情憋在心里，最后也得了心理疾病。

看着妈妈那担心的样子，兰兰原本还会劝她放宽心，可一段时间后，自己好像也被传染了似的，变得忧心忡忡起来。

很多时候，孩子的一些态度、行为都是以父母为模板的。青春期的快速成长意味着孩子各种品质、能力、意志都会在这一时期得到发展、增强乃至定型，如果想要孩子的这些方面都呈现出良好的状态，父母就要起好带头作用。当然，这不一定是要父母做出示范，但最起码要端正态度。过分的忧虑不仅不能给孩子带来帮助，还会阻碍孩子的成长，同时也会在无形中增强父母应对具体情况时的恐慌感。

就像上面的例子，面对孩子第一次上中学住校，作为父母应该做的是向孩子传达一些生活经验以及与舍友相处的方法，然后告诉孩子不管发生什么事情都不要慌张，爸爸妈妈一直会在她身后陪伴着她。教给孩子必需的技能并给予心理上的支持，孩子才能更勇敢地去面对未知世界，并且在这一过程中锻炼自己，获得成长。如果父母一味地恐慌，孩子也只会手足无措。

第一，关于青春期，父母应该谨记一点：我的孩子长大了，我真为他高兴。

对于孩子青春期的到来，父母应该抱着欢喜祝福的态度，而不是恐慌焦虑。父母们可以回想一下，自己当初面对咿呀学语的孩子时，最大的期盼是什么？

想必都是："宝宝，你什么时候才能长大啊？"

可当他们真的长大时，父母为什么又忘记了当初的期盼呢？

"我的孩子长大了，我真为他高兴"，当父母抱着这样的想法去陪伴孩子经历青春期时，不仅自己会轻松很多，也会减少孩子的不安情绪，同时这也是尊重青春期孩子独立发展的开始。

第二，转换观念，从"我要控制我的孩子"到"我要帮助我的孩子独立自主地发展"。

父母们应该明白，孩子本就是一个独立的个体，他们不是谁的附属品，他们注定要和父母分离，自己过自己的人生。所以面对孩子的长大，父母不应该唯恐孩子远离自己而紧紧攥住不放手，而是应该尽可能地放手，让他们独立自主地成长发展。为孩子的独立出谋划策，保驾护航，才是父母真正要做的事情。

第三，让孩子获得充分的自由，也给予孩子切实的帮助。

增加孩子自由处理事情的权利，包括交友、学习和生活事宜，但这并不意味着撒手不管，而是要在孩子把握主动权的基础上，给予建议和帮助。

在这里，我们将父母的经验分为两大部分：一是生活经验，包括穿衣吃饭、怎么使用工具、遇到意外情况应该怎么办等；二是人生经验，包括学习工作、与人相处、未来规划等。

对于生活经验，更确切地说是生存经验，父母应该尽可能地鼓励孩子自主行动，以此来锻炼他们的生活技能。比如，招呼孩子一起做家务、一起学习急救知识等，而不是过分照顾，时刻叮嘱。

对于人生经验，父母一定要先审视自己是不是真的经历过类似的事情，如果只是道听途说，或者是通过别人的经历得出来的结论，那最好不要灌输给孩子。

一般来说，人生经验的传授都是在孩子具备了很强的自我意识的情况下进行的，因此很容易发生分歧和矛盾，出现沟通危机。所以沟通的方式很重要，千万不要直接否定孩子的想法、做法。不管是生活、学习还是工作，父母的干预都是必要的，但要控制好力度。

青春期等于成长期，而不等于麻烦期。只有父母先摆正对青春期的看法，才能带给孩子积极的影响和引导，孩子也才能更加平稳地度过青春期。

第五节
家长应该意识到：孩子成长，就意味着家长不再无所不能

情景再现

一个12岁的男孩弄坏了茶馆里的物品，想让妈妈替他偿还，妈妈就说了他两句，没想到孩子当场就对妈妈动起手来，当着众人的面死死掐住了妈妈的脖子。

男孩为什么会对自己的妈妈做出这样出格的举动呢？原因就是他习惯了父母为自己的错误买单。

在很多年幼的孩子的心里，父母的形象往往是高大光辉的，因为他们无所不能，好像什么事情都搞得定。面对幼小无知的孩子，父母总是保护欲爆棚，总想着什么事情都给孩子规划好，一切都帮他们承担，好让他们少受伤害，少走弯路。

父母这种爱子心切的心情可以理解，但若总是盲目地这样去做，带给孩子的并不一定是好处，随着孩子的成长，弊端也会越来越明显。

就像例子中的男孩，他之所以产生这样的行为，就是因为以前每次犯错、闯祸，父母都会站在他的面前替他承担。慢慢地，这个男孩就习惯了这种模式，之后每次出了状况时，他就会本能地将责任都推给父母，让父母替他收拾烂摊子。

这让我们不得不去思考，这样的孩子，当他长大成人走向社会，能够承担起自己应当承担的责任吗？

为人父母，为孩子遮风挡雨、担忧谋划是应该的，但也应该注意尺度，不能事事干预，也不能任何情况都站在孩子的身前，有的时候，该让孩子自己做主的、承担的，就必须让他们自己来。

父母在孩子年龄很小的时候，给予毫无保留的爱和全方位的管控，扮演无所不能的角色，这无可厚非，但是随着孩子慢慢长大，这种方式就需要及时调整，否则就会给亲子关系带来很大的负面影响。之前，有一个"70岁阿婆奔走街头为儿子找工作"的新闻登上微博热搜，让人看后不禁唏嘘。

情景再现

70多岁的李阿婆，每天都奔走在街头，不断找路人搭话，希望他们能为她儿子找一份工作。

李阿婆是印刷厂的退休工人，老伴已过世，剩下她和一个40多岁的儿子相依为命。本来，李阿婆这个年纪该是儿子孝养她的时候，可如今，她的儿子根本没有工作，母子俩就靠着李阿婆每个月3000元的退休金生活。

面对记者的询问，李阿婆无奈地说："他已经20多年没有工作了，之前干过一段时间保安，后来不干了，他不干我能有什么办法？"

法国教育家卢梭曾说："你知道运用什么办法，一定可以使你的孩子成为不幸的人吗？这个方法就是对他百依百顺。"

孩子在成长过程中，不可避免地会遇到愿望得不到满足的情况，从中可体会到失望和挫败，这是他必须经历的一个环节。家长们需要知道，人的很多品质、意志都是需要通过挫折、苦难、不如意才能锻炼出来的，如果一味地给孩子遮风挡雨，孩子就不能获得实质性的成长。

然而，现实生活中有些父母却会因为不忍心看到孩子难过，或者为了维护自己无所不能的形象，而对孩子百般纵容，一味满足孩子的不合理要求，替他承担错误的后果，殊不知这样只会害了孩子。

作为父母，尽自己所能给孩子提供最好的物质条件，关心和爱护孩子的身心，这是必要的，但过度的顺从只会让孩子形成不健全的人格和品性，导致他们缺乏责任感，将来在社会上也难以立足。

从某种程度上来说，父母的"无所不能"其实就是一种过度的、不合理的爱，而这种过度的爱，除了"纵容型"，还会表现为"控制型"。

情景再现

下班路上，碰见一对母女在路边说话，妈妈表情严肃，女儿一脸不情愿。

妈妈开口道："我算是管不了你了，让你穿个外套怎么这么费劲呢？"

女儿深吸一口气："我都说了我不想穿，我不冷，而且我也不喜欢那件衣服。"

妈妈从严肃变得不耐烦："别提什么喜欢不喜欢的，小孩子知道什么！"

女儿一听妈妈这句话，瞬间爆发了："为什么不能提，我已经长大了，我有自己的想法，也有自己的喜好！"

妈妈的怒火也燃烧了起来："好，那我就告诉你，你全身上下都是我给的，我让你怎么样你就得怎么样！"

就这样，母女俩在大街上旁若无人地吵得不可开交。最后的收场是，女儿在妈妈滚滚落下的眼泪和声声"不孝顺"的控诉中妥协了。

面对孩子，父母总是会自然而然地产生一种感觉，就是他们什么都不懂，很容易犯错，而自己毕竟阅历丰富，比他们懂得多。于是，有些父母就会依照自己的意愿去管控孩子的行为，希望孩子能少走弯路。父母的这种行为的出发点是爱，这点是毋庸置疑的。正是因为爱孩子，他们才会这样事无巨细地为孩子打理一切，计划一切。但从孩子的角度来说，他们非但不能感受到这种爱，还会觉得无比痛苦。

因为父母在用这样的方式教育孩子时，会下意识地把自己放在绝对正确的位置上，觉得自己无所不能，一切都会以自己的想法为标准，很少会顾及孩子的感受，一旦孩子的想法与自己的发生冲突，就会使用亲情绑架、打击诋毁的方式来强迫孩子认同自己，觉得自己不管用什么手段，都是爱孩子的，是为了孩子好，孩子这时候不明白不要紧，长大了自然会懂，重要的是先照着自己的意思去做。

这种就是"控制型"教育的典型表现，也是最容易对孩子造成负面影响的教育方式。尤其是在孩子青春期时，他们情绪起伏大，很容易冲动行事，如果父母仍旧不顾孩子的意愿管控他们的行为，就更容易造成严重后果。

心理学研究表明，父母过度控制孩子，不仅会造成孩子抑郁、焦虑、怯懦、做事拖延、回避，甚至还会发展成抑郁症、强迫症等心理疾病，严重时还会出现自杀行为。

父母自认为的无所不能，不管是纵容型还是控制型，其实都透露出一个深层次的问题，那就是没有给孩子设置自我行事的界限，从而剥夺了他们为自己命运负责的权利。这些孩子没有在合适的年纪获得应该具备的品质，锻炼出应有的能力，因而在将来也无法对自己负责。

父母爱孩子天经地义，如何爱、怎么爱却是一个值得探讨的大问题。真正对孩子好的爱不是一味地宠爱和控制，而是要在给他心灵呵护和情感慰藉的基础上，让他去经历自己该经历的，选择自己想选择的，引导他如何应对挫折，帮助他具备责任心和独立自主的能力。

第一，父母应该对自己和孩子有客观的认识。

父母要明白，尽管你有着丰富的阅历和生活经验，但这不代表你所认为的都是正确的、合理的，每个人都有自己的局限性，都有缺点和不足，所以当和孩子看法不同时，不要总想着纠正孩子，也要多反思自己。

除此之外，父母还需要告诉自己的一点是，你和你的孩子都不是这个世界的中心。大多数人都只是芸芸众生中的一员，所以不要对孩子抱有过高的期待，也不要对自己太悲观，把注意力放在已经拥有的事物上，心平气和地对待生活。

第二，多带孩子去经历和体验，不要将他们圈养在固定的圈子里。

有人说，最高级的教育就是让孩子获得更多的生命体验。父母不强行向孩子灌输他们的意志和思想，更不会想着掌控孩子的人生，只会尽可能地将这个世界展现在孩子面前，引导孩子去观察、探索、体验种种事物，并在这一过程中找到自己生命的方向和意义。父母们总是执拗于成绩，而忽略了孩子心灵的滋养，人所能具备的那些可贵的、美好的特质，只通过书本的理论学习是无法培养的，很多都需要在实践中获得。

第三，对于错误，父母可以帮助孩子改正，但不要过于苛责，更不能袒护。

孩子犯错是一件很正常的事情，而聪明的家长会让错误成为孩子成长的契机。面对错误，有的家长很严厉，这就会让孩子产生恐惧心理；有的家长很温和，孩子就会不当回事：这两种都不是好的方式。面对犯错的孩子，家长应将教养重点放在培养孩子的责任心和调节情绪的能力方面，因此，家长一定要让孩子认识到自己错在哪里，应该承担什么样的责任，在一些事情上要和善而坚定地给孩子建立规则，让孩子心中有是非观，行为有界限。

家庭教育离不开爱，但仅仅有爱是远远不够的。如果不讲究方式、方法，给孩子带来的很可能是打击、是阻碍、是伤害，甚至是毁灭。孩子的不断成长预示着家长的任务发生了变化，意味着家长不再无所不能，此时父母要做的最重要的事，就是及时调整教养策略。

第六节
青春期的亲子较量，父母"输"才是赢

前两天，有个朋友发了条朋友圈，描述了自己和女儿的"一场大战"。

情景再现

昨天下班回到家，刚好瞥见女儿匆匆忙忙地把电脑关了。想起之前家长会上，班主任说最近女儿的成绩有些下降，我下意识就将这两件事情联系在了一起，怒火噌的一下就冒了出来，将女儿骂了一顿。

女儿也不甘示弱，回怼我说："不了解情况就乱说。"就这样，我们俩吵得不可开交，最后孩子竟当着我的面直接玩起了游戏。

不得不说，孩子真是越大越难管。

现实中也有很多父母像例子中的妈妈一样，面对孩子的一些不合理的想法和行为时，第一时间想到的就是马上制止，全部否定，甚至还会用暴力的方式达到目的。但是，这样做往往会让孩子更加坚定地和你反着来。即使有的时候，孩子表面上听了你的话，心里也会产生不满情绪，这对亲子关系将产生负面影响。

这就表明，父母所采取的这种方法是不正确的，特别在孩子步入青春期后，这种硬碰硬的方式更不可行。

一方面，青春期的孩子内心敏感，情绪波动较大，容易被情绪左右，如果父母不关心事情经过，就对他们横加指责或者反对，就很可能对他们造成打击，导致他们长时间沉浸在低落的情绪中，最终出现心理问题或者怨恨父母。

另一方面，青春期孩子的自我意识比较强，如果父母强行向孩子施加自己的意愿和想法就更容易激起孩子的逆反心理：你什么情况都不了解就来反对我，你根本不关心我，那我偏要和你反着来。

孩子有不恰当的行为或者和自己产生分歧时，父母总是会下意识地想要用权威来压制孩子，这在孩子年龄尚小时或许非常管用，但在青春期的孩子身上往往不能收到预期的效果。

这是因为父母自以为霸气威严的样子在心智趋于成熟的孩子面前，其实是另一番模样：

自己做什么都不行，却对我要求这么多，我最讨厌的就是这种什么都不懂却装懂的长辈；拿着一套20年前的个人经验当成至高无上的真理，到头来自己活得不还是那样，教育起别人来说得倒是头头是道；从来不关心我心里到底是怎么想的，只会用大嗓门来掩盖自己的无知和蛮横……

青春期的孩子很自我，充满反叛精神，他们会觉得自己和父母拥有一样的权威，并且会不遗余力地维护自己的权威，当父母使用权威压制的方式进行教育时，他们就会觉得自己受到了威胁和挑战，因此就会更加逆反。相反，如果父母不那么强势，学会示弱，孩子身上的责任感、正义感就可能被激发出来，进而自觉自愿地做出改变。

青春期父母和孩子的沟通顺利与否，关键就在于父母能不能放低姿态。李玫瑾教授就曾说过："12岁之后，父母的沟通方式一定要改变。最关键的是，父母要学会示弱。"

当然，示弱并不是无限妥协，其真正目的是通过一种低姿态的方式减弱孩子的逆反心理，在此基础上进行教育，最终达到双赢的局面。

曾风靡全国的家庭情景剧《家有儿女》中，就有这样一个片段：

一天早上，夏雪因为没有找到校服就没穿校服去学校，结果就在她拿着学生证、校徽等各种能证明自己学生身份的物件下，门卫仍旧不肯让她进校门，说必须穿校服才让进去。最后，夏雪只好回到家里，找到了还湿漉漉的校服穿上才进了学校。

问题虽然算是解决了，夏雪却气不过，认为学校的规定太过分、太不懂得变通。因此，她决定表达自己的不满，打算故意不穿校服去学校。这一决定获得了刘星的大力支持，姐弟俩一拍即合，并且向妈妈征求了建议。

可刘梅知道后，不由分说马上表示了反对："小雪你是好学生，怎么能不穿校服呢？"末了又补充了一句，"别跟刘星学，他不穿可以，你不行。"

就是这一句话，让刘星和夏雪两个人都气愤得不行，然后就彻底叛逆了。他们戴上了夸张的假发，换上了奇装异服，准备就这样去学校。爸爸和妈妈当然极力劝阻他们，但是到了这时候劝阻已经没有了作用，反而促使他们更加笃定这么去做。

好在，最后时刻，刘梅和夏东海转变了思路。对孩子们的决定，他们不再反对，反而表示了理解和支持，并且亲自写信给校长，希望能给学生一天"自由日"。对于爸爸妈妈这样的做法，夏雪和刘星非常感动，主动换下了那些夸张的服饰。至此，一场孩子叛逆的危机才被化解。

可以说，有时候孩子并不是真的想叛逆，他们只是不喜欢父母的教育方式，从而做出了反抗。就像夏雪和刘星一样，他们一开始并没有真的想那样去做，只是心里有些愤愤不平想要得到父母的理解和安慰，而妈妈的反驳和压制让他们感受到的却是强迫和不理解，这就会促使他们故意和父母反着来。当父母转换了方式，试着去理解和包容他们时，他们心中那些愤愤不平、那些委屈愤恨也就消失不见了，进而就会主动放弃那些不合理的想法，自己规范自己的行为。

在这样的亲子较量中，父母看似妥协了，其实最终的结果却是孩子遵照了父母最初的意愿行事，父母才是赢家。

可见，在和孩子打交道的过程中学会示弱的重要性。父母不要总是觉得只有高高在上、有威严、声音大，孩子才会把你当回事儿，才会服从管教，其实，适当地示弱，更能赢得孩子的尊重和顺从。但示弱并不是一味地迎合孩子，需要注意以下几点，才会更有效果。

第一，把孩子的情绪感受放在首位。

父母在面对孩子的问题时，总会第一时间将注意力放在孩子行为本身或者造成的后果上，而忽略孩子的内心感受。一般情况下，当孩子遭遇了不好的情况时，心里肯定是不好受的，如果这时候父母直接用事情的结果来指责他们，孩子由于感受不到父母的关心，负面情绪就会快速叠加，进而影响到教育的效果。

因此，和孩子沟通时，父母一定要先把关注点放在孩子的感受上，比如，给他说"你这样做，从你的角度看也有道理""我知道你现在心里不好受"之类的话。

第二，要弄清楚事情的来龙去脉，不要妄下论断。

具体到一件事情上的时候，父母一定要搞清楚到底是怎么回事，不要张口就给出结论。急着评判是很多家长的通病。从人的大脑运作机制来看，当人这样做时，是情绪脑在起作用。这种情况下，由于缺乏理性的思考，说出的话往往是带有伤害性的，这类语言的教育价值是很低的，因为它常常忽略重点，混淆事实，也很容易挑起孩子的抵触情绪，对孩子产生负面影响。

第三，态度上温柔，但底线决不能退让。

懂得示弱的关键就是以退为进，以柔克刚。当孩子特别急躁时，如果父母硬碰硬，那必定是两败俱伤，而示弱就是用一种柔和的方式达到"进攻"的目的。换句话说，就是父母要在态度上尽可能温和，但是原则上不能妥协。最好是综合孩子的意愿和自己的想法，然后找到一个折中的方法去说服孩子。就像刘梅和夏东海一样，他们了解到孩子们不是不满意上学穿校服的规定，而是学校不变通，但去学校要穿校服这个底线也是不能退让的，于是就折中提出了"自由日"这个办法，结果自然是皆大欢喜。

当然，影视剧毕竟是影视剧，呈现出来的结果不免美化，但是这也给父母们教育孩子提供了一种参考。

青春期孩子的情绪问题极多，同时他们也不能很好地调节自己的情绪，所以很多时候他们所表达和展现出来的都是情绪的宣泄。这种情况下，父母如果和他们直接正面碰撞，效果往往不尽如人意，只会让孩子更加抵触，即使顺从也是因为迫不得已而非心甘情愿，而反向为之，或许会取得惊人的效果。

情景再现

曾和一位朋友聊天，她说自己青春期的时候叛逆很严重，但是回家问妈妈，妈妈却一脸蒙："你什么时候有过叛逆期？"她仔细回想了一下，才终于搞明白。

她突发奇想要烫头，妈妈劝说无果就把她领到了理发店，烫完之后还让发型师给染了个夸张的红色，搞完之后她差点被自己丑哭；她想去网吧上网，觉得家里没气氛，妈妈就在暑假时给她找了个类似网管的工作，没到一个月她就再也不想去网吧了。

其实说白了，很多青春期的孩子叛逆，要的就是一个刺激，当你顺着他来时，刺激也就不复存在了，他也就觉得没意思了。

所以说，青春期的亲子较量，父母"输"，其实才是赢。

第三章

认识孩子在青春期的情绪问题

第一节
孩子的内心很脆弱，家长要帮助孩子释放消极情绪

 情景再现

依依妈妈最近很苦恼，原因是突然不知道怎么和女儿相处了。

新冠肺炎疫情期间，依依寒假放假时间特别长，在家待了好几个月。在这几个月的朝夕相处中，原本乖巧的依依，却逐渐变得冷漠和爱发脾气了。比如，妈妈在询问依依学习进度时，得到的回复常常是"不用你管"；在提醒依依少看手机时，又会被女儿说"烦"；在告知不要和异性交流太频繁时，又会被说"侵犯隐私"……为了这些事，依依妈妈没少发脾气。发完脾气后，又会觉得很委屈：明明是出于好心，为啥总是遭到孩子的强烈反抗？

对此依依妈妈是既着急又忧心，到底要如何才能消除女儿的抵触情绪，同时教会女儿控制情绪呢？

要想控制情绪，先要了解情绪。

情绪是我们内在的一种主观体验，每个人都有情绪，喜、怒、哀、乐都是情绪。人在遇到不同的情况时会有不同的情绪，比如，听到一个好笑的笑话，会哈哈大笑；听到有人背后说自己坏话，就感觉心中燃起怒火。生气怒吼和放声大笑都是情绪的表现，是一个人在应对外界刺激时的一种反应。

所以，孩子所表现出的不同情绪，也是孩子对外界刺激的反应，是孩子内心体验的风向标。

为什么原本乖巧听话的依依，在回答妈妈的问题时，会带有极为强烈的逆

反情绪？这其中的原因既与依依自身有关，也与依依妈妈有关。一般来说，儿童逆反情绪主要是由以下几点引起的。

第一，青少年本身生理、心理的特点。

青少年正处于大脑和身体快速发育的时期，这一时期，他们大脑中负责情绪体验的部分已经发育完善，所以他们可以有各种丰富的情绪。而这一时期，他们大脑中负责控制情绪、执行计划、理解他人的系统却还未发育成熟，所以他们没办法很好地控制自己的情绪，也可能会无法准确理解他人所表达的观点。

基于这种原因，在面对父母的教导时，孩子便容易产生逆反情绪。因为以他们的阅历和见识，确实还无法意识到父母是为自己好，这是由他们自身的生理、心理特点所决定的，是没办法完全避免的情况。

第二，父母的控制欲太强。

一些父母倾向于管控孩子生活的方方面面，他们会制订计划，让孩子按照这个计划来成长。如果孩子不顺从或者不按计划行事时，他们就会采取一些手段让孩子回到正轨上来。这种类型的父母很常见，我们将其称为"控制型父母"。

控制常常伴随着叛逆，就像有压迫就有反抗一样。很多时候，父母眼中的"保驾护航"，对于孩子来说，就是一种"殖民压迫"。这种控制的方式在孩子年纪较小（12岁以前）时，可能会比较奏效。一旦进入青春期，孩子的自我意识便会逐渐觉醒，开始有对自我的要求，此时家长的控制便会成为孩子自我觉醒的障碍，冲突自然也就由此产生了。

第三，渴望父母关注。

与"控制型父母"相对应的，是"冷漠型父母"。这类父母更多关心自己的感受，而忽视了孩子的需求。久而久之，有些孩子逐渐发现，某些特定的行为会赢得父母的关注，比如：当自己生病时，父母会守在身边；当自己捣乱时，父母会训斥。因此，为了得到父母的关注，有些孩子会故意生病、故意捣乱，展现出一些逆反的情绪来。

我们应该看到，这些孩子是不敢主动向父母示好，但是同时又希望父母能够了解自己内心的诉求，所以才会用较为激烈的方式来换取父母的一些关心。

第四，遇到某些困难，心情不好。

进入初中、高中，许多孩子在学业、人际交往等方面都面临着一些挑战，他们需要有一个适应的过程。在这段人生经历中，他们会遇到许多新奇的事、兴奋的事、快乐的事，也会遇到一些烦恼的事、郁闷的事、愤怒的事，基于这些事，他们便会产生相应的积极或消极情绪。

当孩子沉默不语时，他们可能在学业上遇到了困难；当孩子关上门想静静时，可能是人际交往中遭遇了挫折；当孩子与父母拌嘴或是动手时，可能是在学校受到了欺负……

孩子不会无缘无故发脾气，一定是有原因的。作为父母，要做的就是搞清楚发脾气的原因，而不是揪着孩子为何顶撞自己、为何大吵大闹不放。

那么，在知道了这些可能引发孩子逆反情绪的原因后，作为父母又该怎样去疏导孩子，怎样帮助孩子正确控制、表达自己的情绪呢？

第一，接纳孩子的情绪。

青春期的孩子能对父母发脾气有时甚至是好事，这恰恰说明了孩子还知道找个对象去释放自己的情绪。孩子释放自己的情绪，也是在探寻真实的自我，没有过分地压抑自己。如果他们将这些消极情绪压抑在自己的心里，那终有一天，他们会因承受不住这些消极情绪而崩溃掉。

所以，如果碰到孩子比较激烈的情绪表现时，我们首先要做的就是接纳孩子的情绪。接纳是理解，是尊重，是我知道你遇到了一些困难，我愿意为你提供帮助。切忌去指责和压抑孩子的情绪，以免让孩子敞开的心扉彻底关闭。

当孩子带有攻击性的情绪遇到父母宽厚的肩膀和温暖的怀抱时，他们会感到安心、安全。有的时候，不需要太多话语，仅仅是接纳孩子的情绪，而不是立刻批评说教，对他们来讲就是最好的支持了。

第二，引导孩子的情绪。

接纳不等于纵容，也不是放手不管，更不是被孩子摆布，任由不良的情绪发展下去。接纳首先是父母要承认孩子的心情和情绪，承认孩子和我们一样，是有喜怒哀乐的人。

当孩子的情绪被接纳，有所平复，家长可以试着用温和友善的语气询问孩子有此情绪的原因。引导孩子说出原因很重要，我们需要知道孩子的心理动态，同时孩子也需要找人倾诉。因此，我们需要给孩子一定的空间，让他们自由地倾诉，而我们则要静静倾听，尽量不要去打断他们。

第三，在适当的时候给予建议。

在了解了孩子发泄情绪的原因后，只是简单地说一句"这样做不对"，是没办法给予他们帮助的，他们需要实质性的方法。和孩子说说自己年轻时类似的经历与经验不失为一种好的方法，我们可以结合孩子目前的状况和自己的经历给予孩子相应建议，并表示自己愿意随时为他提供帮助。只有让孩子感到自己是有后盾的，是被理解的，他们才能释放压力。

孩子的脾气暴躁，表面看起来好像很强势、很霸道，但其实他们的内心是很脆弱的。这时候如果我们因为受到孩子逆反情绪的感染也变得焦躁易怒，那最终的结果必然是大吵一架，随之而来的就是父母内心产生深深的自责，以及与孩子关系的恶化等。

所以，我们要做的是透过表面现象，看到孩子内心真实的状况。如果将孩子看作一只只浑身长满尖刺的刺猬，那在他们看似不可触及的外表下，其实隐藏着一颗亟须抚慰的心。

我们需要慢慢接近。我们要先接纳孩子的坏脾气，等他们愿意向我们展示自己的柔软时，再以温暖和爱来抚平他们的伤痛。

第二节
“能不能让我把话说完！”——给孩子张嘴说话的机会

情景再现

“妈，周末我和同学一起去商场，中午不用等我吃饭啊。”晓楠一边挤牙膏一边说。

“别去了，眼看快到月考了，抓紧在家复习吧。”妈妈忙着刷碗，头也没抬。

“我就去半天，学习我有安排——”晓楠回应道。

“啥安排，就你做的那安排？我告诉你如果这次再考不好，暑假的旅游你也别指望了！”晓楠刚要接着说，却被妈妈打断。

“我都跟同学约好了呀！”晓楠委屈地噘起了嘴。

“说了不准去就是不准去！”妈妈说完，便自顾自地回了房间，不给晓楠再说话的机会，只剩下满心憋屈的晓楠。

其实，晓楠要去商场，是与同学约好了要选购母亲节的礼物，但晓楠的母亲始终没有给她把话说完的机会。

小的时候，孩子常常向父母炫耀：“妈妈你看我折的飞机”“看我捏的小兔子”，并一脸天真地希望得到父母的夸奖和认可。而家长往往在忙，或者关注的焦点在学习上，于是总会给出“作业写完了吗？就知道玩”这样的回应。

放学后，孩子会跟父母说：“我们老师今天批评了 ××，其实那件事另有原因……”父母却可能觉得孩子想袒护同学，于是直接下结论：“老师批评肯定有老师的原因，你懂啥。"孩子正在听偶像的新歌，父母却撇嘴说："一点也不好听。"孩子给父母说这歌的创作内涵和背景，父母却没耐心，直接说："天天研究那些没用的，你把这心思用在学习上多好！"久而久之，孩子有什么事都不再跟父母交流。这时候父母反倒着急起来，不停地抱怨孩子越来越叛逆、越来越不懂事。

从追着父母喋喋不休的小话痨，到和父母无话可说的高冷少年，除了进入青春期这个特殊原因以外，可能还有一个原因，那就是父母和孩子说话的方式出了问题——孩子可能是因为总得不到说话的机会，才慢慢变得叛逆起来。

在亲子沟通中，为什么有一些父母总是不让孩子把话说完呢？究其根本，主要有以下几方面原因。

第一，父母太过焦虑。

在当下这个快速变化的时代，焦虑贩卖无处不在，落后一步就会挨打，于是父母便会要求孩子做任何事都要快！写作业要快，复习要快，吃饭上厕所也要快……不可否认，高效率学习固然重要，但这项原则并不适合用在与孩子的沟通之中。

现在的一些父母太过焦虑了，这让他们很难维持与孩子的正常沟通。一切以学习为重，其他任何事情都是无关紧要的，这相当于抹掉了孩子生活中的其他色彩，只留下一种单调的颜色，这对孩子的成长是有害而无益的。

第二，父母太以自我为中心。

太以自我为中心，就容易有想要控制周围人和事的倾向。过于看重自己，而不轻易相信别人的判断，其他人都要服从自己的想法，围着自己转，而且很挑剔，批评人不留情面，这些都是以自我为中心的典型表现。在面对这样的父母时，孩子是绝对的弱势群体，他们没什么发言权，也没多少存在感，唯一能做的就是"听父母的话"。

孩子小的时候是牢牢控制在父母手中的，但随着孩子渐渐长大，尤其是进入青春期后，以自我为中心的父母就会发现自己的孩子越来越难以掌控了，因为孩子有了自己的需求，懂得了为满足自己的需求而努力，很多时候，这种努力会与父母的掌控欲产生矛盾，这对于那些以自我为中心的父母来说，是难以接受的。

第三，父母没有看到错误沟通可能带来的长远后果。

提到暴力，我们一般会想到什么呢？家庭暴力？校园暴力？拳脚相向？受伤流血？没错，除此之外，还有一种并不会造成明显伤害的暴力——精神暴力。

精神暴力指的是对他人的精神施加暴力，从而使人的心灵受到伤害。威胁、侮辱、诽谤、无视等行为，都属于精神暴力。

很多父母都会在无意中对孩子施加精神暴力，比如，忽视孩子的感受、不让孩子反驳自己的观点、言语恫吓孩子……这些错误的沟通行为，便是在对孩子施加精神暴力。

这样做可能会导致孩子变得越来越逆反。更为严重的是，隐蔽的精神暴力不会像肢体暴力那样带来明显的伤害，却会在孩子的内心留下印记，成为亲子关系中的一道道裂痕，孩子可能终其一生都要承受这些精神暴力给自己带来的伤害。

第四，父母没有将孩子看作一个平等的个体。

在孩子说话的时候，很多父母常常不能全身心地投入和感受，要么在想着今天的工作，要么在忙着手上的活，要么就是沉浸在各种娱乐活动中……无论何种情况，他们总是游离在和孩子的谈话之外，从没有真正地心无旁骛而又平等友好地与孩子进行过对话。

其实，这些父母还没有将孩子看作一个独立的个体，没有给予孩子足够的尊重。试想一下，和同事、朋友甚至陌生人讲话时最起码的礼仪是什么？是不是放下手中的事情，专心地听别人说？那为什么孩子就得不到这样一个起码的**尊重**呢？

亲子间的良好关系，很大程度上来自良好的沟通，而良好的沟通应该从学会倾听开始。父母必须先学会倾听，让孩子把话先说完，而后再去进行回应和评判。

倾听，看似简单的两个字，做起来却并不简单，这是很多人都不具备的一种能力，当然也是可以通过练习来获得的一种能力。父母要想通过倾听解决与孩子的沟通问题，一般需要从以下几方面去努力。

第一，倾听要保持真诚。

处于青春期的孩子内心会较为敏感，他们需要有人能了解自己的内心感受和真实需要，当发现有人愿意倾听，并能够理解自己时，他们才会愿意吐露心声。父母若想要与孩子展开有效沟通，必须首先把握好这一点。

真诚倾听能令他人感受到尊重，父母必须愿意花时间和精力，去专心倾听，听听孩子内心的真实感受和需求。在倾听过程中，父母必须保证自己是从内心里真正做到了平等对待，要确保自己可以用平和的态度去面对孩子，而不是急切地想以自己的方式来结束对话。

第二，倾听时要确定孩子的感受。

不要评判，不要否定，不要说"但是""可是"，也不要急着给出建议，让孩子先把话说完。在孩子倾诉时，父母要去体会孩子的感受，并且用平和的语气将其描述出来，比如，父母可以用"你觉得自己很伤心/生气/委屈""你认为这样做不对"等话术与孩子沟通。

这种试探性的回应，主要是为了确定孩子的感受，如果孩子认可了这种回应，那他们便会有继续倾诉的欲望，更能表达出自己的内心感受和真实需要。需要注意的是，父母不能先入为主地判断孩子的感受，而不给孩子表达的机会，这样做不仅无法取得积极的沟通效果，反而会将沟通引入歧途。

第三，倾听之后再提出建议。

如果想要给孩子提建议，那么不要着急，父母可以在孩子表达完自己想表达的事情后，先询问"是否需要我给出一些建议？"或者"我这里有一些建议，不知道你是否愿意听一听？"如果孩子表示同意，那便可以说出建议。这里要注意，父母在询问时不要表面看起来温和，而实际却仍是在控制，想让孩子听从自己的建议，控制是不明智的做法。

在给出建议的时候，父母还要告诉孩子如果自己的发言令他感觉不舒服或者不耐烦，那么请及时说出来，这其实也是在引导他说出自己的真实感受。假如我们没有提前说出这一点，那孩子就可能因为有顾虑或者不知道怎么表达而掩饰自己的真实想法，这样谈话自然又会偏离中心，那么继续交谈也就失去了意义。

其实，在亲子沟通中，父母并不需要具备多么专业的心理学知识，也并非要看透孩子内心的一切，孩子最需要的或许只是父母静静地倾听。作为父母，我们只有表示出自己的诚意，才能换来孩子以诚相待。

第三节
"我害怕，我不敢说"——父母不要用责骂表达关心

 情景再现

已经 26 岁的林先生，最近在医院做了一个手术，手术的结果令所有人大吃一惊，因为医生居然在林先生的肺部支气管中，取出了一枚哨子。

据林先生自己说，这枚哨子应该是自己 6 岁的时候，不小心吸进去的。此后 20 年，林先生一直身体不太好，尤其是肺部，总是会反反复复地发炎。他也怀疑过是哨子的原因，所以做过多次肺部检查，但是一直没得出什么结论。直到这一次，他又是因为肺部问题来医院做检查，这次医生用支气管镜为他做了细致的检查，才在其中发现了被痰液包裹的一枚哨子。

随后医生为他实施了手术，仅用 20 分钟就将哨子取出，并将肺部的痰液清除，自此，林先生终于可以摆脱这个"病根"。

这个新闻一经报道，就引起很多人好奇，为什么刚吞下哨子的时候不赶快取出来，而是等了这么多年？这不是白白承受 20 年的痛苦吗？

的确，这事看起来蹊跷，不符合正常人的逻辑，那究竟为什么会出现这么反常的事呢？据当事人林先生自己说，他当时根本就没把这件事告诉父母，所以，他的父母一直也不知道这件事，更别提带他检查和取出哨子了。

那为什么林先生在当时不告诉父母呢？因为他不敢说。为什么不敢说？自己吞了哨子难道不觉得有问题吗？不害怕吗？

他当然知道有问题，他也害怕，但是他之所以选择了沉默，是因为有比这更可怕的事情，那就是他如果说出来，可能要面临来自父母的责骂和惩罚。他害怕面对父母那紧锁的眉头和指责。

就是这些，让他觉得比吞下哨子这件事更可怕，所以，即便是在面对这样一件会威胁他的健康甚至生命的事，他也选择了隐瞒。不知林先生曾经遭受过怎样的打击、挫折，才会让他在遇到自己无法解决的事情时，不敢向父母求助，不去考虑自己的安危，而是只担心父母的态度。

林先生的案例看似极端，其实生活中不乏这样的事例。比如，有的孩子摔进了水坑，害怕被父母说，默默等到衣服干了才回家；有的孩子不小心伤了手，流了血，胡乱处理伤口，不想被父母看到；更有孩子因为打碎了学校的玻璃，害怕受到家长的惩罚，直接留下遗书跳楼自杀，造成了不可挽回的悲剧。

这些孩子无一例外，在面对困难或者伤害时，都选择了隐瞒和沉默。这就暴露了日常生活中父母对待孩子的方式与态度所存在的问题。

有的家长可能会认为这事是孩子的问题，是某些孩子心理太脆弱了，太没有承受能力了。

但其实，这不是孩子心理脆弱，而是家长的处理方式有问题。那些所谓承受能力强的孩子内心难道就没有伤痛吗？毕竟内心的伤害不像外伤那般一目了然。而且我们如何确定自己的一句话不会成为孩子一生的心结？如何确定自己的一巴掌不会打掉一个孩子对这个世界的信任感？

很多父母表达情绪的方式很单一，他们认为"愤怒"这一种情绪可以帮助自己很好地解决问题，所以便遇事就搬出这种情绪来。孩子作业怎么教都不会，发火；孩子打破了碗，发火；自己被孩子嫌弃落伍，发火；孩子摔倒了，磕破了皮，发火；孩子放学后出去玩，回家晚了，还是发火……

无论是生气了、着急了、伤自尊了，还是表达对孩子的关心，父母似乎也只会用这种情绪。本来应该说出口的关心和安慰的话语，结果却变成了指责和教训。

"你看你，咋弄的啊？"

"你怎么这么不小心啊？！"

"我说了多少遍，不让你跑，你非得跑，摔了吧，活该！"

"你要是再这么晚回来，看我怎么罚你！"

……

儿童心理学家德雷克斯通过研究发现，孩子会把父母的责备式关心理解为：受伤＝无能＝犯错＝责备。当一句句戳心的话从父母的嘴里说出来，久而久之，孩子就会把自己受伤直接和父母的责备对应起来：只要我受伤，那就会受到责备。所以，再受到伤害，孩子为了避免被责备，就会选择隐瞒不说，以此逃避难堪的局面和难过的感受。

父母的出发点是好的，这是毋庸置疑的，没有父母是存心要伤害孩子。但只有出发点是好的还不够，如果没有科学的方法，在处理这样的事情时，也往往是无计可施的，所以只能任由自己发泄情绪。为了避免这种情况发生，父母必须从识别、控制、表达这三方面去掌握科学管控情绪的方法。

第一，父母要学会识别自己的情绪。

如果孩子做作业磨蹭，那么家长内心是焦急的；如果孩子闯祸了，家长一瞬间涌上来的情绪是生气；如果孩子受到伤害了，那么家长最主要的情绪则是担心。

父母需要识别自己在遇到一件事时，有什么样的情绪。对孩子的事情，父母很多时候都是源于关心，却常常表现为愤怒、焦急等，所以父母需要学会辨别自己的情绪。

第二，父母要学会控制自己的情绪。

当遇到一些比较激烈的情绪时，不能任由其发泄，需要控制自己的情绪。

为什么父母在孩子面前难以控制情绪，并且常常用"愤怒"这一种情绪来表达？一是，因为发泄情绪本身有一种"爽"感；二是，父母知道对孩子发泄情绪不会给自己造成威胁。你会随意向你的上司、同事、客户、同学等人发泄愤怒吗？即使他们做了令你备感愤怒的事，你也不会这样做，你会控制你的情绪，因为你知道自己发泄情绪是有后果的。而面对孩子，父母很清楚地知道孩子是没法对自己造成威胁的。无论是谁，都不想被责备，孩子更是如此。我们应该看到父母一时的情绪发泄有可能对孩子造成的严重后果。

在感觉情绪要失控时，可以试试"点头"这个方式。一边点头一边心中默数 10 个数，等数完，你会发现自己的情绪已经平复下来了。

第三，父母要学会表达自己的情绪。

如果孩子做作业磨蹭，那么父母就要表达自己的真实情绪："孩子，我此刻很为你着急和担心，我担心你做不完作业会晚睡，会受到老师的批评，会影响你的成绩。"如果孩子受到伤害了，也要表达自己的真实情绪："孩子，快让我看看你的伤口，你感觉怎么样？我很为你担心，希望你能为了我而更加爱惜自己的身体，珍惜自己的生命。"

这就是我们内心真实的想法，说出真实的想法没什么丢人的，而且我们要经常练习这种表达情绪的方法，让孩子不断地感受到父母的真实情绪，也传达给孩子这样的信息：我的父母爱我，关心我，我有依靠，我有安全感。这些情绪又会反过来给孩子正面影响，让他们有正确的感知力，有自信，有力量，能更加积极地去探索这个世界。

第四节
"你真的好烦呀！"——给个机会，让孩子宣泄不良情绪

 情景再现

一位上初三的男生，被老师发现和其他同学在教室内玩扑克牌，因此受到了批评。随后老师通知了男生的家长，请家长来学校配合管教。

男生和妈妈从老师办公室出来后，一起走在教学楼的走廊里。当时是下课时间，教学楼的楼道里人来人往。妈妈边走边和男孩说着什么。

突然，妈妈伸手扇了男生一个耳光，随后又边说边再次扇了男生一个耳光。等老师赶来时，妈妈正用手掐着男孩的脖子，并把男孩推到背后的墙上。等妈妈发泄完了，便扔下孩子，扭头走开了。

而那个男生，先是沉默地待在原地，随后转身跳上了楼道的护栏，然后没有一丝犹豫地跳了下去。

有的人说，这出悲剧的发生是因为孩子心理承受能力太差；也有的人说，是这位母亲做得太过分。可是，孰是孰非已经没有意义，因为一个年轻鲜活的生命已经逝去，追究责任也挽回不了了。我们要做的，是反思这件事为什么会发生，以及如何避免此类悲剧再次发生。

为什么孩子们会有这样的举动？这其实与他们的心理特征及情绪变化有着较大关联。

第一，这与青少年本身的生理、心理特点有关。

处于青春期的孩子，受到生理因素的影响，情绪本就容易波动。而且，他们在青春期前后，具有强烈的追求自我独立的意识。可是，他们的思想并不成熟，当他们遇到挫折、打击时，这些痛苦就会无限放大，从而让他们产生悲观、逃避等负面情绪。

如果这种情绪没有及时疏导、清除，那么，他们就有可能误入歧途，甚至做出一些不可挽回的事。

第二，自我价值感的缺失。

青少年需要自我认同，也需要他人的认同，这点是毋庸置疑的。

自我价值感是一种积极的情感体验，在我们觉得受到他人或社会的重视，获得良好评价时，就会收获自我价值感。同时，当我们遭受批评、打击时，就会降低自我价值感。一旦自我价值感缺失，那么，我们就容易萌生自暴自弃的念头。

在本节开篇的案例中，那位被当众训斥、被扇耳光的男生，他的自我价值感已经低到失去了生活的意义，所以，他选择了结束生命。

为了逃避压力，为了跟家长赌气，为了反抗、报复家长，不少孩子都会做出极端的行为。比如，曾有一位就读重点中学的女生，因为学习压力太大，一次考试没考好而选择了轻生。因为跟家里赌气而离家出走的孩子，更是比比皆是。

开头案例中的男孩也好，其他叛逆的孩子也罢，他们做出此类行为，都是因为他们无处诉说情绪。

所以，作为家长的我们，一定不能再忽视孩子的情绪，一定要引起足够重视。

那么，家长应该如何让孩子宣泄不良的情绪呢？

第一，让孩子宣泄情绪，家长要先懂得管理情绪。

家长是孩子的榜样。的确，这一句是老生常谈了，但我们已经听够的道理，不代表我们已经做到位了。

当榜样是很累的，情绪也是很难控制的，这点毋庸置疑。而情绪之所以难管控，是因为我们很难同时控制生理与心理的共同反应。比如，家长听到孩子违反校规时，大脑立刻就会被肾上腺素带来的激动感所控制，从而出现一系列生理、心理反应，如心跳加快、想动手发泄。

很多时候，家长都会被情绪控制，被感觉牵着鼻子走。在这种冲动的情绪下，家长很容易说出伤人的话语，甚至会体罚孩子。事后，家长经常会后悔，经常会告诉自己："我当时不应该这么做的。"但当胸中充满怒火时，又如何能轻易让情绪消散呢？

其实，冲动的情绪与激素有关，而激素的维持时间是极其短暂的，所以，我们在感到有冲动的情绪时，需要给激素平缓下降的时间，比如，我们可以用凉水洗把脸，心中默数 10 个数。等做完这些，我们的心情也就能平复一些，理智会再次回归。

第二，让孩子释放情绪，不要一味说教。

爸爸也好，妈妈也好，在教育孩子的时候，他们都容易开启"唐僧"模式，站在道德的制高点上，连珠炮似的跟孩子摆事实、讲道理。可事实上，孩子根本听不进这些道理，相反，他们只会觉得家长有些烦人。在这种情况下，孩子要么顶嘴，要么沉默。总之，说教根本不是教育孩子的好方法。

当孩子犯错时，我们应该让孩子自己来说，让他谈谈自己当时的想法，谈谈犯错的原因，谈谈以后如何改正，这才是父母要做的事。

有时候，倾听比说教更重要。

第三，家长要学会帮孩子疏解情绪。

孩子经常会做出一些让家长着急上火的事，在遇到这样的事情前，我们先不要急着责备和发火，我们要做的是转换方式，换位思考，先帮孩子释放情绪。

比如，孩子因为做错了事号啕大哭，或者怒气冲冲，我们要先让孩子冷静下来，带他们跑跑步，听听歌，做几组深呼吸。当孩子情绪稳定后，再与孩子沟通交流。

这样的做法会让孩子觉得你是冷静客观的，并且不是站在自己对立面的。当他们说出自己的想法、自己的委屈、自己的理由，那么由此可能产生的不良情绪就能随之消解，而你也会因此赢得亲子之间最重要的东西——信任。

第四，情绪需要适当的宣泄。

不良的情绪就像是骆驼背上的稻草，如果不管不顾，任由它一直积攒，那么骆驼就会被压垮。除了沟通交流，让孩子有机会说出自己的想法之外，家长还可以帮助孩子找到一些适合他们的宣泄方式。比如打一场球、蹦一次极、坐一次过山车、去练歌房大声唱歌等。

在释放出内心的压力与情绪后，孩子的精神负担也能随之减轻。

人的心理承受能力就像是一根橡皮筋，你不知道这根橡皮筋的极限在哪里。他人的承受极限与我们想象的也完全不同，不能用统一的标准去衡量。

就像是本节开篇案例中的家长，她怎么也不会想到，因为自己的打骂，孩子竟然会选择轻生。相信这位家长的内心定然是追悔莫及，但悲剧无法挽回。我们能做的，就是尽量减少对这根橡皮筋的拉扯，同时，也希望这些令人心痛的案例不再发生。

第五节
"让我一个人待会儿!"——先让孩子独处,然后沟通

情景再现

宁宁放学回家后,跟妈妈说了声不吃晚饭了,便径直走进了自己的房间,关上了门。

妈妈察觉到女儿有些不对劲,她走到宁宁的房门口,正想敲门问个究竟,但是想了想,又放下了刚刚举起的手。

不久,宁宁爸爸下班回家,问起宁宁,妈妈大概说了一下情况,然后特意叮嘱爸爸不要去叫宁宁。等到晚饭过后,宁宁那屋终于有了动静,过了一会儿,宁宁从房间里走了出来。

妈妈主动迎上去,问宁宁愿不愿意谈谈今天发生了什么事。宁宁沉默了一会儿,然后点点头,开始诉起苦来。

原来,今天在学校,有同学给宁宁起外号了。因为宁宁体形微胖,所以,那些同学就管她叫"二师兄"。

妈妈听了以后,瞬间理解了女儿回家时的状态,也庆幸自己给了宁宁独处的时间来冷静。不然的话,宁宁一回家就上去询问,肯定会吃个闭门羹,还会让孩子更不耐烦。

家长也好,孩子也好,独处都是一种必不可少的需求。

现如今,人们的生活节奏过快,工作压力过大,很多人都将大多数时间用

在跟外界打交道上。等到一天过去，我们最希望的，恐怕就是安安静静地享受一下独处的时光。

对孩子来讲，他们也同样需要这样的时光。

当孩子说想静一静的时候，别怀疑，他们并不是叛逆，他们只是要梳理一下自己的情绪。而我们要做的，就是耐心地等待孩子梳理好情绪。

对孩子来说，他们会面临生活的烦恼、学业的压力，也很在乎与同学的关系、老师的看法，这些都可能成为他们的难题。

尤其是步入青春期后，孩子在生理和心理上都会发生较大的变化。这时，孩子的独立意识开始觉醒，在面对压力和烦恼时，他们也跟大人一样，需要一段独处的时光。

但是，面对孩子的独处需求时，很多家长不愿给孩子这个机会。

在与孩子相处的过程中，家长应该如何给孩子一个独处的环境呢？

第一，重视孩子的独处需求。

孩子小时候，家长可能并不会把他当作一个独立的个体，在这种观念的影响下，家长就会忽略孩子的独处需求——他就是个孩子，只要听大人话就好了。他们会觉得，孩子根本不会有什么太大的烦恼，就算孩子明确提出想单独待一会儿，家长很可能也会一笑了之，并不放在心上。可是，当孩子步入青春期后，他们的独处需求会更强烈，他们甚至会用比较强硬的方式，来争取自己的独处时间。

所以，家长应该对孩子的独处需求充分重视，给他们一个独立思考的时间和空间。这样一来，很多问题都能迎刃而解了。

第二，多些尊重和理解，少点好奇和担忧。

前面我们提到过，孩子是很敏感的。所以，家长千万不要装出一副理解的样子，因为孩子很容易就能看破家长的伪装。

家长要真正做到理解并且将孩子看作一个独立的个体。

当孩子出现脆弱情绪时，先不要追问原因，让孩子自己整理一下思绪。等过一段时间，孩子有倾诉的欲望后，我们再使用前面章节中提到的倾听技巧，与孩子进行沟通。

第三，要做到适时沟通。

家长尊重孩子独处的权利，并不代表家长完全放手不管。当孩子独处结束后，家长仍然要跟孩子沟通。

家长要注意的是，这时候，千万不要赌气，也不要说一些难听的话，否则，孩子根本不会有想跟父母再次沟通的欲望。家长要做的，就是在孩子独处之前，冷静、耐心、温柔地告诉孩子："如果想倾诉，我们随时都在。"然后在孩子独处结束后，平静地问一问孩子，有没有需要我们帮忙的地方。

第四，运用恰当的沟通方式。

我们以开头的故事为例。

当妈妈听了宁宁的叙述，在心疼之余，更多的是想给女儿提供帮助。在这种情况下，妈妈可以先说出女儿的感受："我想我能明白你的感受，你觉得很委屈、很生气、很受伤是吗？"

在获得女儿的肯定后，妈妈再问："那你觉得想要让他们受到惩罚，让他们出丑，让他们感受到你的难受是吗？"

获得孩子的肯定后，妈妈则要进一步提出自己的解决方法："那请你想象一下，如果你用同样的方式对待了他们，并且成功让他们受到惩罚，那你会觉得舒服吗？会觉得那种结果是你想要的吗？我想，宁宁肯定不会开心，因为宁宁和他们不一样，他们以取笑别人为乐，宁宁并没有这么无聊，对不对？"

劝说宁宁后，妈妈还可以跟宁宁一起讨论一下运动、饮食的方案，让宁宁的身体变得更加健康，身材变得更好。这样一来，让宁宁苦恼的问题也就解决了。

在孩子渐渐长大的过程中，一定会出现自己要求独处的情况。作为家长，我们要明白孩子内心的真正诉求。我们要赢的不是亲子较量，而是孩子的心。

第六节
"我就是不想跟你说!"—— 尊重孩子隐私,但提升他的安全意识

情景再现

小张是一名高二男生,他平时性格安静,一直都很懂事。可就是这样一位温和的男孩,最近却做出了令人吃惊的事情,那就是离家出走。

原来,那天小张回到家后,先回到房间里,打电话跟朋友商量出去玩的事情。可是,就在小张打电话的时候,他的房门被悄悄打开了。小张妈妈走了进来,开始打扫房间。

整个打电话的过程,妈妈都一直以打扫卫生为由听了个大概。等小张放下电话,妈妈就凑上来问道:"你给谁打的电话?"

小张随口说道:"我的朋友。"

可是,妈妈又不依不饶地问道:"哪个朋友,是男的还是女的,是不是要出去玩,去什么地方?"连珠炮似的提问,让小张不胜其烦。其实,从刚才妈妈进门起,小张就有一种被冒犯的感觉。于是,小张不耐烦地说了句:"别问了,这是我自己的事!"

听到这话,妈妈一下子就生气了,她放下扫帚,就跟小张争吵起来。

小张气急了,大吼了一声:"我现在不想跟你说话!"随后便跑出了家门。

小张的妈妈直到小张跑出门去还在震惊,她不明白,一向安静乖巧的儿子,为啥突然变得不近人情,不照顾父母的感受了?

青春期的孩子，对"自由""独立"等有着强烈的需求。可是，有些父母却不懂得将孩子看作独立的个体，他们习惯了事无巨细地关心和过问孩子的隐私，因为他们根本就没觉得，孩子在自己面前需要有隐私。

在大部分家长看来，孩子与自己是一体的，是不可分割的，所以，他们不觉得孩子应该有自己的秘密。而且，有些家长认为，孩子不能明辨是非，也不能应对突发情况，更不能做到凡事都考虑周全。所以，孩子需要家长为他们安排好学习和生活。这也是上面的事例中，小张为什么感到被冒犯的原因。

在小张看来，他跟朋友出去玩，这是自己和朋友间的事，而且，他们已经把事情安排妥当了。而妈妈的询问，从表面上看，似乎每句话都在关心孩子，可言语中透露的信息却只有一个，那就是"我不相信你"——这也是家长一个劲儿探求孩子隐私的根本原因。

可事实呢？真的是孩子离不开父母吗？我们倒不如说，是父母离不开孩子。

那么，家长应该如何做，才能缓和这种矛盾呢？

第一，感知孩子的情绪与需求，并给予理解和尊重。

很多家长都在感慨："青春期的孩子，仿佛是一夜之间长大的！"

诚然，之前总是黏着父母的孩子，突然间变得要求独立自主，要求有自己的时间、空间，还多了不少小秘密，这样的变化是让很多父母都措手不及的。

如果父母还是用对待儿童期的孩子的方式，来对待已经进入青春期的孩子，那就必然产生情感上的错位感。试想，给已经长高的孩子硬套上几年前的衣服和鞋子，必然是不合适的，是会令他们感到束缚和压迫的。

就像是事例中的小张，虽然他已经是高二的男生了，但他依然被妈妈当成一个没有自我的孩子，这与他逐渐萌生的独立意识相违背，所以才会在妈妈不断的追问下变得情绪激动。相信小张吼出那句话时也有一些后悔，但是面对母亲穷追不舍的拷问，他心中更多的是烦躁，而且这种情形令他感到压力很大，最终催生出了叛逆行为。所以，父母应该敏感地感知青春期孩子的需求，并给予理解与尊重。

第二，在孩子要求独立之前，培养他们的独立能力与安全意识。

这就要求家长有未雨绸缪的意识和行动力。孩子的成长与独立是自然规律，是父母和孩子都必然要面临的过程。因此，不能用"到时候再说"的"鸵鸟心态"去面对，而是要提早规划。

正所谓"父母之爱子，则为之计深远"，我们为孩子买了学区房，为孩子存了教育基金，但我们可能忘了培养孩子非常重要的一项能力，那就是他们将来独立生存的能力。有了这种意识，我们还需要将其贯穿到养育孩子的日常生活中。

情景再现

例如，孩子要和伙伴们相约出去游玩，或者参加户外的活动，你担心他是否带齐了必备物品，是否知道在哪里集合，在掉队的时候能否想到办法联系其他人等。

那你会怎么做呢？主动帮他收拾所有行李，一遍遍地帮他检查是否有遗漏，并嘱咐他要记住领队的号码？

要知道，这不是你的出游，而是孩子的出游，假如家长真的想要他知道如何应对这样的事情，那么就让他自己来。当然，这并不代表我们完全撒手不管，那又是另一个不可取的极端了。在孩子们面对一次全新的经历时，在还没有建立这样的经验和能力时，假如父母完全不给予帮助，这或许会让他们没有安全感，又或许你会得到一个最终还是需要你来收拾的烂摊子。

那么，如何确保他们准备充分，而又能锻炼他们的能力呢？

我们可以试试启发式提问或者趣味性的情景再现。

比如，家长可以说："你明天就要开始第一次野外探索了，我们来做个演练怎么样？现在请拿出所有你觉得必备的东西，装进背包，开始踏上旅途吧！"

在演练的过程中，我们可以询问各种我们关心的问题，看看孩子是否知道如何应对，我们便能从中得知孩子的准备情况、应对能力等。

提早培养孩子的独立能力，让孩子知道自己将来要经历的成长，他们就会在青春期来临时，更了解自己所处的状况，而不是只会陷于自己的迷茫和想当然中故步自封。家长也能够放心，因为我们知道他们已经拥有了解决问题的能力。我们拥有了对孩子的信心，自然不会再想事事追问。

第三，在孩子有独立的要求时，与他们保持适当距离。

如果家长在日常生活中，有意地去培养孩子独立的能力，那么，在孩子青春期来临之际，我们起码是不慌张的。在孩子开拓自己的小世界的时候，家长会手足无措，无力应对。这时，家长要做的，就是敏锐识别孩子的情绪，了解孩子的心理需求，并尊重孩子的隐私。

这件事，说起来容易做起来难，因为这里需要一个词语——界限感。

每个人的内心世界都有一个边界，这个边界内的区域是私有的，是本人拥有控制权的，良好的边界控制权能让自己获得安全感和价值感。都说人与人交往最舒服的程度就是保持界限感，即不踏入他人的私人区域。

这一原则同样适用于父母和孩子之间。青春期的孩子对自己的边界、隐私格外敏感，一旦有人想要踏入，也会让他们格外警惕。我们此时就该提醒自己注意，管住自己的嘴，管住自己的好奇心，不要轻易破坏这种界限感。

在人与人交往方面，孩子们会一边实践，一边看家长是如何做的。所以，在确保孩子是安全的情况下，还需要把主动权还给孩子，让他们拥有控制感和价值感。孩子们在学习家长的交际技巧的同时，也会感受到家长对自己的尊重。而且，这也会是他们人生中重要的交际课，让他们在以后的人生道路中，成为一个懂得与他人保持良好界限感的人。

第四章
如何与青春期的孩子沟通

第一节
与叛逆孩子沟通的技巧是假装自己就是孩子

 情景再现

妈妈发现芳芳上了初中后，就开始有些不对劲了。

以前，芳芳睡觉前总爱黏着妈妈，现在不仅晚上休息时坚持自己独自睡，而且就连平时进她的房间都要经过同意；以前放学后就和妈妈亲热地拉手、拥抱，现在刻意地躲避一些亲昵的动作；以前放学就爱和小伙伴出去疯玩，现在周末也不出门，喜欢宅在自己的屋里；以前滔滔不绝地和妈妈讲学校的趣事，现在即便妈妈问她学校的情况，芳芳也只说一句。

女儿不管喜怒哀乐都不表现在表面了，这让妈妈有些头疼，为了能更好地了解女儿的情况，妈妈决定尝试和女儿多沟通几次。

面对妈妈的"关心"，芳芳直接就用"嗯、啊"回答，到最后居然说了句"妈，你烦不烦？"然后转身回了自己房间，并带上了房门。

妈妈一脸茫然，她不明白，主动找女儿沟通也不对吗？关心也不对吗？和孩子到底怎么才能好好交流呢？

青春期，人生中一段特殊的时期。这一时期的孩子们正在经历一系列的变化和挑战，从身体的快速发育，到出现一些从未有过的经历，比如，女孩子的月经初潮和男孩子的遗精等，再到心理需求的变化，以前只和父母亲近，无话不谈，现在更倾向于和同龄人交流。此时的青少年刚刚从儿童期过渡到青春期，无论是大脑发育还是心智，都还未成熟，可以说是一个"半成熟"阶段，所有这些变化对他们来说都算得上一种挑战。

童年阶段的他们一般都是在父母、祖父母或者外祖父母的庇护下一直无忧无虑地成长的，从未遇到过这样的挑战，因此无论是面对身体还是心理上的各种变化和小烦恼，他们都是无从招架的状态。更为残酷的是，他们中的大多数人也没有被告知遇到这样的情况该如何应对。他们的自尊和茫然也使他们无法开口询问家人，所以他们才会变得忧郁，变得沉默寡言。

而这时候，很多父母还不知道发生了什么事，或许他们也有所察觉，但是能够做些什么呢？可能只是本能地出于对自己下一代的关心，所以会多一些嘘寒问暖。当然，不是说嘘寒问暖没必要，而是，这并不是处于青春期的孩子急需的。父母的问候，到达不了他们的心底，因为，父母还没了解他们内心真正的想法。

青春期的孩子多少会有些叛逆，在与他们沟通时，不能用哄小孩子的方法，也不能刻意没话找话，而是需要掌握一定的技巧。

第一个技巧：换位思考，假装自己是孩子。

假如你现在是一名刚升入初中的学生，你脱离了自己熟悉的环境，来到一所陌生的学校，面对着新的同学和老师；课程增加了好几门，难度系数也增大了；你脸上开始长痤疮；你周围的同学谈论的话题、推崇的观念时刻影响着你；你对异性开始有了朦胧的好感，却搞不懂为什么……

你应该如何调整适应，如何才能更快地融入，如何摆脱外貌带来的焦虑自卑，如何应对朦胧的情感？这时候假如你的父母对你说，要好好学习，别落下课，要和同学好好相处，要把心思放在学习上，别天天臭美……你是什么感觉？这些话能够帮助你吗？能帮你解决一些具体问题、缓解一些焦虑吗？

答案显然是否定的，你需要的是充分的理解和平等的沟通，以及在此基础之上所给出的有益经验和具体方法，而不是隔靴搔痒式的叮嘱。

将自己带入上面的情境中，父母就能发现孩子所面临的真正问题，只有找到这些问题的根源，才能更有效地与孩子进行沟通，并与他们一同解决问题。

第二个技巧：跳脱出父母的权威角色。

很多父母会觉得自己即使不站在孩子的立场上，也能理解孩子所面对的问题。其实，这些父母可能确实了解到孩子所面临的问题，但在沟通时的站位出了问题。

在大多数家庭中，父母是权威，是主导者，手握家中大小事的最终决定权，和孩子沟通常会用命令式的口吻，时不时还会流露出"我比你懂得多""你按照我说的做没错"的意味。在这种背景下，与孩子展开沟通，那多半是会失败的，甚至还会把问题搞得更糟糕。

那与孩子沟通时，父母应该采取什么站位呢？父母不就是父母吗？难道还要装成和孩子是同辈人吗？没错，在与孩子沟通时，父母最好别站在父母的位置上。

父母需要摒弃传统观念中父母这个身份所带来的特权，将自己看作和孩子一样的人，一样需要学习和进步的人，并且表明自己会有一些成长过程中的经验愿意随时分享。遇到问题可以与孩子一起讨论，像朋友一样给孩子提出建议，会让他们更容易接受一些。

这一技巧可以帮助父母和孩子建立更亲密的关系，让孩子感到父母是理解他的，是支持他的，是可以为他提供帮助的，这对他们来讲是至关重要的，对父母来讲也同样如此。

第三个技巧：善于运用问话和沟通的方法。

我们以为的沟通和关心是什么样的？比如，早上起床主动聊一些轻松话题，如有趣的新闻什么的，还顺便提醒一下孩子要开始多关注时事了；中午回家关心孩子上午的课程怎么样，能不能听懂，嘱咐他千万别落下；晚上再问问同学之间相处是不是愉快，交到几个好朋友，别太拘束，要和周围的同学好好相处；

等等。我们是不是以为，这样孩子就能够感受到我们的关心，进而愿意打开心门，从而又能回到之前其乐融融的局面了？

这样的沟通看似是关心，实则让孩子感到是被"讯问"，会让他们感到有压力。对于青春期的孩子来讲，来自父母关心的问候应该是最甜蜜的负担了，那如何能从处于青春叛逆期的孩子那里了解到他们的真实想法及其现在的处境呢？可以试试这样询问。

1. 你今天在学校经历的最开心的一件事是什么？

2. 最不开心的一件事是什么？

3. 最喜欢的课程是什么？

4. 如果你是老师，你会怎么教这门课？

5. 你的同学课间谈论最多的是什么话题？

6. 如果今天的上课内容是需要看一部电影，你会选择什么？

7. 如果你会读心术，你希望读懂哪位同学／老师的内心？

8. 如果让你给学校提建议，你最想提的是什么问题？

如果你想了解你青春期的孩子，那最直接的问法是最没有智慧的，而且可能会引起孩子的"警惕"。以上列举的这些问题都有一些特定的导向，如果孩子回答，那么你就能从中窥见孩子的内心，比如，他感兴趣的课程、电影等，他关心的问题等。这是一种可以帮助我们在轻松的交谈中了解孩子的方法。当你了解他们的内心，你才能更好地将自己代入他们的处境和心情，了解他们正在经历什么。当你融入孩子的世界，那么平和顺畅的交流、和谐的家庭氛围也不再是奢望。

第二节
不再强迫孩子听话，孩子才会开始听你的话

情景再现

李默今年上高一，因为父母管教严格，他一直是听话的好孩子的代表。

但是上了高中后，忽然一切都变得不一样了。以前那个回家后就认真写作业，言行有度的孩子不见了，取而代之的是不做作业、毫无礼貌的问题少年。老师也多次找家长谈话反映问题，说李默上课不听讲，在课堂上睡觉，顶撞老师，一副谁都不服的样子。

李默的爸爸妈妈看到他现在的样子又急又气，他们认为孩子不听话可能是因为管理得松懈了，于是决定加大管理力度。爸爸妈妈开始全方位掌控李默的生活，一旦有什么违规的地方，就要指责和惩罚。

本以为这样他就能有所收敛，谁知道，事情变得越来越严重。李默开始和校外的一些社会小青年厮混，还学会了抽烟喝酒。李默的父母现在一筹莫展，无计可施，不知道为什么好好的一个孩子会变成这样，也不明白自己的教育到底是哪里出了问题。

控制感是一个中性的词语，既不好也不坏，关键是看如何把握控制的力度。当孩子还小的时候，没有自控能力，也没有明辨是非、危险的能力，凡事都依靠父母，需要父母的时时管控。如果管控不到位，一个不小心，孩子就可能磕了碰了，摸了电源，喝了脏水，打了别的小朋友，丢了自己的滑板车……所以在这一时期，父母管控的力度必然会大一些。

按理说这种管控是必要的，因为它可以让孩子远离危险。但其实，大多数父母在进行这种管控时常常会陷入一种误区，那就是容易将对孩子的关照和尊重孩子的自主能力对立起来。

具体来说，照顾孩子，避免孩子陷入危险，这是父母的职责，但在关照孩子的时候，一些父母会采取直接否定的方式，比如，"不许摸电源""不能钻桌子""不能穿这件衣服""不要和那个小朋友玩"等等。这种命令式的、不容置疑的语言，能够达到阻止孩子展开进一步行动的目的，但充满了强迫意味。

在孩子还小的时候，这种方式是管用的。因为他们的自我意识还没有萌发，对父母的命令只能遵守，没有其他选择。当然他们的小脑袋也没发育好，不知道还能有其他选择。这时候的父母也没发觉这种管教方式有什么问题，于是渐渐地，父母的管教方式形成了惯性，对自己认为不好的行为，比如玩游戏、吃零食，一律用这种简单粗暴的方式阻止；对自己认为好的行为，比如乖乖写作业、参加课外班、多做一套卷子或是多练几首曲子等，又直接不由分说地命令孩子去做。

但这种方式对孩子来说是痛苦的，这就是完全忽略孩子的自主意识和自主能力的一种管控，是打着"我为你好"的旗号的专制行为。

这种教育方式会随着孩子年龄的增长，逐渐显现出它的弊端。以前孩子在面对不愿意做的事，或者想玩却被父母阻止时，可能会抱怨几句，然后就顺从了父母的意愿。可是，等到了青春期，身体在快速生长，体态在发生明显变化的同时，精神上的自我也在逐渐强大，时刻呼唤着平等与自由。于是，孩子不再亦步亦趋地跟着父母的脚步，不再唯命是从，而是开始以自己的方式向父母示威、反抗。

发现自己以前的那些命令不管用了，这时候父母便会觉得慌乱、伤心、愤怒，同时将原因归到孩子身上，认为这是孩子出了问题，孩子学坏了，一点也不懂父母的苦心。孩子目无尊长、自甘堕落、无可救药……很少有父母会将这样的结果归因到自己身上，没有人意识到可能是因为自己过度的控制导致了当下这种局面。

那么，作为父母，究竟要怎样做，才能避免因为控制过度而导致孩子叛逆呢？

第一，父母要放下担忧，培养健康的控制感。

控制感每个人都需要，我们需要从中获得安全感和成就感，但这种控制感必须是健康的。我们开车时控制汽车，做项目时控制其中的风险和成本，在日常生活中控制体重、控制拖延，这些都会让我们获得健康的控制感，让我们感觉自己在掌控人生，并从中获得成就感。

但是，有些控制感超出了限度，发展到不健康的程度。比如，控制自己的配偶，控制自己的孩子。这些人认为自己的家庭就是一辆汽车，只要方向盘不在自己手里，就会担心焦虑，认为谁也没有能力开好这辆车，觉得只要自己不是那个手握方向盘的人，那么整个车子就可能会偏离轨道，甚至会遭遇倾覆的危险。

事实上，这些人的担忧往往是多余的，即使方向盘不在他们手中，也不会发生他们所担忧的那些事。在一个家庭中，这些人往往是爸爸妈妈，他们需要对整个家庭负责，生怕孩子误碰了"方向盘"。但实际上，让孩子在自己的掌控下适当操控一下"方向盘"也是可以的，如果执意让孩子远离"方向盘"，只做一个"乘客"，那孩子便会慢慢远离父母，慢慢变得叛逆。

为了应对这一问题，父母不妨将那过度的控制感聚焦在自己身上，控制自己的脾气、控制自己的习惯、控制自己的身材……至于对孩子的控制，要适度，还要尊重孩子的个人意志，父母可以引导、协助，但不应对孩子的行为过度控制。

第二，父母要从只相信自己转变到相信孩子。

那些控制欲强的父母，往往都很自我，他们不相信别人，只相信自己的经验、判断，一旦孩子提出反对意见或者试图逃离控制，就会触怒他们。因为掌控不了他人，就可能意味着自己被他人掌控，这会令掌控欲强的人感到害怕。

大多数父母可能都会忽略一个问题，那就是孩子也需要有控制感。父母需要从只相信自己的圈子里跳出来，去相信孩子，相信孩子有自我管理的能力，相信孩子能够做好自己的主人。今天穿什么衣服，今天先做哪件事，外出的计划、学习的目标都应由孩子来定。或许一开始他做得并不好，或许会闯祸，会丢三落四，但这正是宝贵的学习机会。他需要从一次次的摔倒、磕碰中学会走路和奔跑，而且他也一定能学会。

"听话"一直以来都被认为是一个好孩子的标准，但听话的背后是什么？很有可能只是父母的控制和一个完全丧失自我的孩子。

希望我们不要只得意于孩子的听话，需要看到背后可能存在的问题；也不要孩子一不听话就跳脚愤怒。我们需要将指向孩子的手指反指向自己，从自身找原因，及时管住自己的控制欲，把能自由呼吸的空间还给孩子。那时我们或许才能平静地坐下来，听彼此说话。

第三节
孩子开始低头沉默，正是你讲道理的好时机

情景再现

李哲翰明天就要参加中考了，这天晚上，他兴致勃勃地做着计划：几点起床，几点出门，第一门课几点开始等。当爸爸妈妈在一旁问他，是否需要他们的帮忙时，李哲翰回绝了，他觉得自己都可以搞定。

第二天一大早，李哲翰起床，洗漱，穿衣，吃饭，一切都在按照自己的时间安排走，他享受着独立的过程，自我感觉非常满意。而爸爸妈妈看到李哲翰的自觉，也很替他开心。

当李哲翰收拾完出门的时候，妈妈和爸爸互相看了一眼，感觉十分欣慰——这孩子终于长大了，能够自己规划好自己的事！

但是正当两人也准备出门上班的时候，妈妈接到了李哲翰打来的电话，李哲翰在电话里声音低低地说，自己忘了带身份证，问妈妈能不能给他送过去……

说完这些，李哲翰就沉默了，他大概做好了迎接妈妈的"狂风暴雨"的准备。

如果我们是李哲翰的父母，遇到这种情况，我们的第一反应是什么？接下来要说的又是什么呢？

相信肯定有家长会脱口而出："你怎么这么马虎啊，这么重要的东西怎么能忘了带呢？我就说我要帮你整理东西，你还不用，你看看现在……"

嘘！

请注意，假如我们这样说了，那会造成一个什么样的结果呢？很可能是我

们的说教不起任何作用，还会惹得孩子也不高兴，甚至激起孩子的叛逆行为。我们不过是过了嘴瘾罢了。所以，当孩子沉默的时候，家长一定不要连珠炮似的捅孩子，而是要心平气和地跟孩子讲道理。

比如李哲瀚的妈妈，完全可以把身份证送过去后，笑着对孩子说道："这回记得要带身份证了吧？出门不带身份证，不就等于上战场不带枪吗！"相信这么说的效果，肯定比责备孩子要好得多。

李嘉诚先生曾说过一句话："世界上最浪费时间的事，就是和年轻人讲经验，你讲一万句不如他们自己摔一跤，眼泪会教你做人，后悔会帮你成长，疼痛才是最好的老师，人生该走的弯路，其实一米都不能少。"

这是充满着人生智慧的经验之谈，也值得家长在和孩子相处方面好好借鉴。那么在生活中需要和孩子讲道理的时候，我们应该如何去做呢？

第一，不要劈头盖脸地指责和埋怨孩子。

指责和埋怨是家长在发泄情绪。受到指责和埋怨的人，内心必然是抵触和抗拒的。其实，只要换位思考一下，家长应该就能马上想到孩子的感受：委屈、愤怒、想辩解等。

是的，谁也不想被指责和埋怨。如果想解决问题，想要帮助孩子进步，那么请忍住即将要说的话语，停顿几秒钟，或者深呼吸，这时候，相信家长就能意识到，自己是想要发泄情绪，而发泄情绪只会让眼前的局面变得更糟。

第二，家长要尊重孩子的自我发展需求。

其实，无论是家长，还是其他长辈，在教育孩子时，大家都不免掉入"说教"的陷阱。为什么会出现这种情况呢？一方面，家长觉得自己是过来人，有着比孩子更多的生活经验；另一方面，说教让我们有一种身为家长的优越感，也会获得一种教导他人的成就感。最主要的是，我们都是这样过来的，被家长、长辈教做事难道不是天经地义吗？而且除此之外，似乎没什么更好的办法。

其实，解决的方法是有的，只需要家长扪心自问：我们是否真的考虑了孩子的感受？我们扮演的角色是与他平等的，能为他提供帮助的"伙伴"，还是不考虑孩子自尊，只彰显自己优势的"训导员"？

想明白这个问题，家长就能与孩子拉近心理上的距离了。

第三，孩子沉默时，是最虚心的时候，也是接受道理的最佳时机。

情景再现

著名教育家陶行知先生就拥有在孩子沉默时进行教育的智慧。

陶行知先生在任校长的时候，一次，从校园路过，正好看到一个男生正拿着石头砸另一个同学。陶校长立刻制止了打人的男孩，并叫他到校长办公室去等他。

等陶校长回到办公室时，发现男孩已经在门口等他了，男孩梗着脖子，一脸强装的不服输。这时，陶校长什么也没说，先从裤兜里掏出一颗糖果递给男生。男生难以置信地望着校长，可校长却笑眯眯地说："这颗糖果是奖励给你的，因为你很准时地到达了我的办公室，奖励你的守信用。"男孩十分惊诧，这时陶校长又掏出第二颗糖果，接着说："今天你和别人打架时，我一制止你，你就停手了，说明你很尊重我，这也是给你的奖励。"

孩子更疑惑了，在陶校长鼓励的眼神中犹犹豫豫地接过糖果。结果陶校长又掏出了第三颗糖果，说："今天打架的事情我调查过了，是因为那个男生欺负女生，你打他是为同学打抱不平，这说明你很正直勇敢，所以，你还是应该得到奖励。"

男孩这时已经满眼泪花，他一边抽泣一边对陶校长说："校长，对不起，是我错了，我不应该打同学。即便他有错，我也不应该用这种方式对待他，您、您惩罚我吧……"

这时候，陶校长掏出第四颗糖果说："因为你认识到了自己的错误，我再奖励你一颗糖果。好了，现在我的糖果发完了，我们的谈话也结束了，快回教室上课去吧。"

面对一个明显犯错的孩子，家长一般会怎么处理？

相信大部分家长都会习惯性地摆事实讲道理，希望孩子能够从中认识到自己的错误。可是，面对青春期的孩子，家长这招数会越来越不灵，甚至还会遭到青春期孩子的嫌弃和反抗。

陶行知先生的做法就很值得家长借鉴。面对犯错的学生，他反其道而行之：在学生已经做好了对抗的准备的时候，他却一直在表扬对方的闪光点；在化解学生对抗情绪的同时，还诱发他们的自省机制。这样既保护了孩子的自尊，又起到了教育作用，充满爱心和智慧。

在孩子沉默的时候，爸爸妈妈冷静的处理方式会给孩子留下深刻的印象，这是比抱怨、指责更为有效的管教方法，也是一种做父母的智慧。

希望每位家长都能体会到其中的奥秘，并由此开始身体力行地去实践。相信大家都会发现不同的风景，也会从孩子那里收获意想不到的惊喜与感动。

第四节
重要问题严肃一些，孩子其实能够听懂你在说什么

 情景再现

一个孩子，在学校里偷了同学一块写字板，并拿回家交给母亲。谁知，母亲不但没批评孩子，反而还夸他能干。第二次他偷回家一件大衣，交给母亲，母亲很满意，更加夸奖他。随着岁月的流逝，小孩长成了大小伙子，便开始去偷更大的东西。

有一次，他被当场捉住，反绑着双手，被押送到刽子手那里。他母亲跟在后面，捶胸痛哭。这时，小偷说，他想和母亲贴耳说一句话。他母亲马上走了上去，儿子一下猛地用力咬住她的耳朵，并撕了下来。母亲骂他不孝，犯杀头之罪还不够，还要使母亲致残。

儿子哭着说道："我初次偷写字板交给你时，如果你能打我一顿，今天我何至于落到这种地步？"

这是《伊索寓言》当中的一则故事。这里说的是，如果我们不惩罚孩子的一些小错，那他们以后就会酿成大祸。

相信家长都听过这个故事，也都知道这个道理，但是，如何与孩子交流就成了需要我们关注的话题。

我们究竟该如何与孩子交流，才能让其明白某些事情的重要性呢？我们一起来看一看。

第一，要让孩子对严肃问题引起重视。

家长要让孩子明白：当我严肃地跟你谈话时，你就要对谈话内容重视起来了。当然，要达到这个目标，这里可能需要几个前提，比如良好的亲子关系、日常没有被娇惯坏的孩子、孩子拥有自己的归属感和价值感等。而这些都指向一个核心，那就是家庭中良好的氛围，也就是不存在权力之争。

什么是权力之争呢？简单来说，就是父母和孩子都想要占上风，想要事情按照自己的想法发展，想要获得掌控他人的主动权。那么，什么时候会出现权力之争呢？那就是父母和孩子都将掌握主动权当作目标时。一旦感觉被对方盖过风头，就会觉得失去控制，于是就会出现争夺掌控权的情景，双方陷入对峙或争吵。一旦出现权力之争，让青少年们意识到自己被领导、被教育，那接下来亲子间是没办法好好交流的，更不要说谈重要话题。

所以，要尽量避免这种情况的发生。有一点我们可以尝试去做，那就是我们要把自己当孩子，同时把孩子当大人。把自己当孩子，是为了防止父母不自觉涌起的权威或优越感让孩子产生抵触心理；将孩子当大人，是对孩子的尊重。尊重孩子的建议、思想，重视他们的情感、情绪，这是谈话的前提。

家长不必担心自己的严肃会吓到孩子，事实正相反，你严肃一些，孩子才会足够重视，才会直面自己的问题。

第二，对于涉及原则的问题需要严肃一些去交谈。

家长还要让孩子知道，很多问题都属于原则性问题，比如：爱国守法，这是生活和一切未来的基础；明礼诚信，这是安身立命的根本；敬业奉献，是进步和发展的保障。这些都是构建一个人品德素质的重要方面，是不能出现偏差的。

所以，这些方面的问题父母是要把控方向的。家长需要从言传身教、正面教育、反面教育、实践教育等多角度入手，才能融教育于无形。

第三，一些难以启齿但是重要的问题，也需要和他们谈。

因为受到传统文化的影响，许多重要的问题会成为我们潜意识中的忌讳。比如生死问题、两性相关的问题等。这些问题都对孩子的自身发展产生深远影响，而我们要做的，就是主动跟孩子谈谈这些事儿。对我们来说，开口或许很难，因为没人和我们谈过这些，但是，我们需要让下一代对此有个基本的认知。因此，我们必须放下思想包袱，坐下来跟孩子一起谈谈这些话题。

第四，重要的问题严肃一些，但不涉及原则的事情，就不要太较真。

对于孩子的一些表现和行为，家长不要随便将问题上升到不必要的高度。如果鸡毛蒜皮的小事总是十分严肃地对待，那么到了谈真正原则性问题的时候，家长再用严肃的态度也没什么用了。切记，不要捡了芝麻丢了西瓜。

第五，注意区别严肃与控制。

有些家长会误以为严肃谈话就等同于严密控制，于是，他们开始事事盘问，件件跟踪，为了保证孩子所谓的"正确"，就事无巨细地关注孩子的生活和学习。其实，这样做可能会导致孩子的反感，也不会获得什么理想结果。

第五节
别把你的焦虑，带到亲子关系当中

情景再现

周末，岚岚正拿着手机，入迷地看着偶像剧，谁知妈妈走了过来，对岚岚说道："你都看了多长时间了？别看了，做会儿作业吧。"

岚岚头也没抬，说："这个就剩这么一小段了，我马上就看完了。"

可是，妈妈不依不饶，非让岚岚交出手机。岚岚没吭声，而是继续看了下去。妈妈十分烦躁，上去就开始抢手机。可是呢，岚岚却一边躲，一边推了妈妈一下。顿时，妈妈感到了被冒犯，瞬间被激怒，然后开始指责女儿。就在妈妈唠唠叨叨时，岚岚突然爆发，拿起身旁的水杯朝着妈妈砸了过去。妈妈又震惊又恼怒，最后只化作了无助的泪水和痛苦的呜咽。

身处现在这样一个快速发展的年代，因为工作压力大，职场竞争激烈，还背负房贷车贷，家长或多或少都有些焦虑。可是，如果家长把焦虑带进家庭，就会引起跟孩子的矛盾。

家长对孩子的期望基本是大同小异的，我们希望孩子身心健康、成绩优异、性格开朗、高度自律。于是，我们不自觉地也将自身的焦虑传递给孩子。但是我们在这个过程中常常忽略几件事：第一，我们对孩子的期望，我们自己能否先做到？第二，如果孩子达不到家长的要求，我们由此产生的焦虑会带来什么后果？第三，孩子的真实意愿和需求是什么？第四，我们希望孩子能够成为具备这些优秀品质的人的前提和基础是什么？

下面，我们就来分析上述问题。

第一，真正优秀的人只是少数人，不要给孩子太大压力。

我们是出类拔萃的人吗？我们周围有多少位于各行业顶尖位置的人？不要被认知偏差误导。我们是普通人，而且绝大多数都会成为普通人。普通人之所以普通，就是因为无法达到优秀的人的标准。我们对孩子提的要求可能是绝大多数人都做不到的，包括我们自己。那么，为什么要逼孩子成为人上人呢？

第二，优秀是有理由的，成功也不是偶然的。

我们只是看到了别人家的孩子成绩优秀，却不知道对方家里有一个大书房，孩子的父母就很喜欢读书；我们只看到了别人家的孩子温柔懂礼，却不知道对方有一个情绪稳定、温柔优雅的妈妈。

就这样，我们因为表面现象焦虑，又将焦虑转化为所谓的"动力"，然后开始严苛要求自己的孩子，去变得跟别人家孩子一样优秀。可以想见，孩子肯定会变得叛逆。

第三，我们只告诉孩子应该做什么，有没有问过，孩子究竟想要什么？

孩子首先是一个独立的个体，其次才是某人的孩子、某人的同学。一个独立的个体，应该拥有最基本的情感需求、自我意识和精神自由。如果家长管控他们的生活，管控他们的学习，管控他们的喜好，那孩子就成了可悲的机器。时间长了，孩子自然要摆脱家长的控制，出现一系列叛逆行为了。

第四，在孩子需要帮助的时候，一定要不遗余力地帮助他们。

对青春期的孩子来说，他们的内心其实是渴望与这个世界发生联系的，但是，以孩子的能力和眼界来讲，他们无法探究这个世界究竟是什么样的。这时候，他们会产生疑惑，会有所不解，需要家长帮助孩子突破现有的局限，走向更远的远方，发现更多的可能。

所以，在孩子需要帮助的时候，在对这个世界充满好奇又充满困惑的时候，家长应该帮助孩子找到目标，并帮助他们从内而外地找到真正的动力，去实现这个目标。家长可以带孩子去旅游，去见识不同的风土人情；也可以带着孩子参加社会实践，让他感受真实的社会；还可以带他参观自己的工作单位，让他尝试理解自己的工作内容。

　　总之，与孩子一起开阔眼界，增长见闻，舒缓心情，就能让彼此的焦虑烟消云散。

第六节
有话直说，分清客观描述和评论

情景再现

周末的早上，姗姗在自己房间睡得正香，妈妈进屋一把拉开了窗帘，然后开始催促："都快8点了，还不快起床，懒死了，没一点自制力！"

姗姗不情愿地翻了个身，然后蒙上被子打算继续睡，这一举动让妈妈感觉自己受到了忽视，于是她撂下一句："反正你9点还有小提琴课要上，你自己看着办！"

然后转身走了。

上完课后，姗姗比妈妈早回来，完成了上午计划的作业后，她想着放松一下，于是妈妈一进门便看到窝在沙发里抱着零食追剧的姗姗。

"看看这屋里让你弄得，衣服直接扔在椅子上，零食掉一地，也不知道收拾收拾，就知道看手机，一点也不知道珍惜别人的劳动成果，不知道心疼妈妈！"妈妈一口气数落完姗姗，然后自顾自地干活去了。妈妈一边干活，嘴里一边念叨，什么"谁也指不上"呀，什么"啥都得等着我做"呀，等等。姗姗有些不耐烦，让妈妈别再念叨了，如果她不想做饭，他们就点外卖。但是妈妈执意要自己做，说外卖不卫生，早晚吃出病来。

姗姗叹了一口气，对妈妈说自己回屋去看会儿书，然后进了自己房间，并将房门关上。她希望把妈妈的唠叨和坏情绪也都关在外面，给自己留一片清净的自留地。

看到例子中的情形，相信大部分家长都很熟悉。

我们先来看这些语句："懒死了""没一点自制力""不知道心疼妈妈""外卖不卫生，早晚吃出病来"，这些看似是妈妈的抱怨，但往深处想，这些都是妈妈给珊珊贴的标签。

如果家长总是用一些言过其实的评论来评价孩子，那就很容易让孩子厌烦。

你说我懒，好，那我就懒给你看；你说我办事不周到，不让人省心，好，那我就是这样了；你说我就知道看手机啥也不干，那我就真的这样做……

很多时候，家长这么说的目的只是激发孩子斗志，让孩子能积极改正自己的行为。可事实上，家长如此抱怨，只会让孩子的行为越来越叛逆乖张。

所以，珊珊的妈妈和珊珊的交流存在的问题总结起来就是：不会好好说话，多数时候用评论来代替描述客观事实，这导致了珊珊的厌倦，也导致了妈妈和珊珊一次又一次的无效沟通。

那么，与孩子沟通过程中，家长应该使用什么样的方式，或者用什么样的语言呢？让我们一起来看一下。

第一，家长需要进行客观描述。

客观描述，可以简单地理解为将自己观察到的现象客观表述出来的行为。

比如，珊珊妈妈看到珊珊快 8 点了还没起床，可以这样说："还有 10 分钟就 8 点了，我担心你还不起床会来不及去上小提琴课。"

当她看到珊珊衣服、零食乱放的时候，可以说："我看到换下的衣服在椅子上，零食掉到了地上，这让我感觉不舒服，你知道，我喜欢干净和整齐。"

当珊珊建议点外卖时，妈妈可以直接说出自己的担忧："我担心外卖的卫生问题，担心会对我们的身体健康造成影响。"

妈妈的这些表述都属于客观描述。发现了吗？这与妈妈之前的表达方式是有区别的——只是说出自己看到的事实，也如实表达自己的感受，而不是指责和评论他人。

第二，家长需要知道评论与客观描述所造成的不同后果。

评论容易让人想要反驳，而客观描述会让人觉得这是不带评价的描述，更容易接受。所以如果想要让你的孩子听你说话，不想每次交谈都不欢而散，那么就要学习这种表述方式。切记，不要将交流变成只发表自己观点的辩论，不要为了凸显自己的高明或者激励对方改正，就给对方贴标签、下结论。

第三，家长需要练习区分主观评论与客观描述。

那如何才能运用好使用客观描述的沟通方式呢？我们可以先做一些练习。

比如，从下面这些话语中找到你觉得属于客观描述的句子。

例句1：隔壁的王叔叔是个特别孝顺的人。

例句2：我觉得这件衣服的款式显得你肩膀很宽。

例句3：他篮球真是打得太好了。

例句4：这人真没有公德心。

例句5：昨天过马路，有一个人闯红灯。

例句6：你总是忘记将用过的物品放回原位。

我们一一来解释一下。

例句1：主观评论。

"孝顺"是评价人的词语。我们可以说，王叔叔每天都去给他妈妈送饭，每周都去帮他妈妈打扫卫生。

例句2：客观描述。

例句3：主观评论。

我们如果说"他一场篮球比赛投进了10个球"，那就属于客观描述。

例句4：主观评论。

我们如果说"那个人随地吐痰、随手扔垃圾"，那就是客观描述。

例句 5：客观描述。

例句 6：主观评论。

因为里面用到了"总是"这个词，这是带有评价意味的词语。类似的词还有"经常"等。

经过上面的举例，相信家长们都对主观评论和客观描述之间的区别有了了解。家长要在日常生活中，尝试用客观描述的方式，来跟孩子进行交流。在每次说话之前，沉默几秒，问一下自己：我这句话是不是带有评论意味？我这样说，会不会激起孩子的叛逆情绪？假如每次家长都能这样停顿一下，相信慢慢地，语言中的情绪会渐渐减少。

当家长说的话都是在进行客观描述时，孩子才有可能听进去。当然，转变说话方式并不容易，要做到也需要一次次地练习。

印度哲学家克里希那穆提曾说："不带评论的观察是人类智力的最高形式。"这说明要做到客观地观察和描述，是十分不容易的一件事。但这样的方式对我们与他人的沟通交流是有益的，让我们共同期待着由改变交流方式带来的好的结果吧。

第五章

重新理解青春期叛逆行为

第一节
站在孩子的立场上，才能看见孩子眼里的世界

情景再现

有这样一个故事。一位妈妈和女儿去逛街，孩子却总是要妈妈抱。妈妈刚开始还有耐心和力气，后来觉得太累了，就直接把女儿放在地上让她自己走路。

谁知道女儿露出惊恐的表情，甚至大哭起来，妈妈觉得很无奈，只好蹲下身来询问。女儿表达不清，只是说害怕。妈妈忍不住要发作，心想：这大白天的，到处都是人，害怕什么呢？别矫情啦，赶紧起来走路啦。但是女儿用手指着周围，她向周围看了看，忽然意识到，女儿害怕什么了。因为从她现在的视角看去，周围全是形形色色的、会动的腿——那是来来往往的行人在走路。从这样蹲下的角度来看，确实有些诡异。在孩子眼里，这些人就像是"巨人"，怪不得会害怕。

妈妈庆幸自己没有发作，她抱起女儿，安慰地拍了拍她的后背，带着她离开了商场。

这个故事的道理很简单，那就是站在孩子的立场上看问题，才能看见孩子眼里的世界。道理虽然简单，做起来却非常难。为什么呢？因为人和人之间是存在思想壁垒的。

先不说家长和孩子之间，就算是同龄人之间，生活圈子类似的人之间，甚至夫妻之间，也不一定能够做到沟通顺畅。

每个人的成长经历不同，性格习惯不同，思维方式也不同。绝大多数人

考虑问题都是从主观角度出发，潜意识从自己的利益点出发，这就导致了我们永远无法做到和他人感同身受。就算思维方式类似，我们运用语言、手势、文字等途径将这种思维展现出来的程度也是不同的，是难以将大脑中的思维和想法完全呈现出来的，所以对于信息的接收者来讲，真正做到理解又多了一层困难。

家长和孩子更是如此，要家长完全理解孩子，这是不现实的。同样，让孩子完全理解家长也是不现实的。所以，我们就更需要有效沟通，来让彼此更了解对方。

那么如何沟通？怎样才是有效的沟通？

第一，家长要先提升自己的共情能力。

所谓共情，是指设身处地地体验对方的精神世界。而拥有的共情能力越高，就越能让我们深入了解对方的内心。我们可以将共情能力简单理解为"高情商"，也就是让家长学会从孩子的角度看问题。

举例说明。比如，孩子不喜欢吃青椒，这时，家长可以想一想，自己也有不爱吃的菜，而且青椒也可以用其他蔬菜代替，所以没必要以不挑食的名义，逼着孩子把青椒吃光。这就是简单的共情能力了。

第二，家长要注意沟通的步骤。

家长可以按照"适时谈论—反馈内容—反馈情绪—给出建议"的步骤来进行沟通。

找一个合适的时机，然后和孩子开始谈论一件事。比如："我注意到你最近的英语成绩似乎有所下降，你愿意和我谈谈原因吗？"如果孩子开口描述，那么接下来家长要对孩子的话做出反馈。比如："你似乎不太喜欢你们新来的英语老师。"家长还可以对孩子的情绪做出反馈。比如："听起来你有些沮丧和失落。"最后，家长再给出建议和应对策略。比如："我想之所以你不太喜欢这位老师，可能和你们互相之间不太了解有关系。你觉得如果你主动增加和老师打招呼的次数、请教问题的次数，会怎么样？随着你们之间逐渐了解，我想你可能会发现和老师的契合之处。"

第三，家长要注意，避免沟通陷入误区。

误区一，警惕自以为是的感同身受。

在跟孩子沟通的时候，家长不应该抱着"如果我是你"的态度，因为家长的阅历比孩子丰富得多，所以家长根本不可能跟孩子完全互换角色。所以，家长要做的，就是多理解孩子，多从孩子的角度看问题。

误区二，忽略了"信任前提"。

不论是谈话还是给建议，互相信任是关键。如果是用看似亲切的态度，实则是强制或者居高临下地指挥，那么你将一无所获。

误区三，在沟通过程中减少了步骤。

如果一上来，孩子刚刚开始讲述，你就开始给建议，"我觉得你这样……"因为孩子还没有满足倾诉的欲望，所以沟通的效果不佳。

误区四，错将安慰当成了共情。

当孩子开始诉说自己的苦恼时，你的一句"没事，这有什么""一切都会好起来的""你一定会适应的"，看似是安慰打气，可实际上根本起不到作用，还会让孩子觉得爸妈其实根本不懂我，只会敷衍我，他们也就没有了倾诉的欲望。

有句话是这样说的，叫作"世界上根本没有真正的感同身受，人类的悲欢并不相通"。对于青春期的家长和孩子来讲，这样的感受或许更为深刻。但是这不代表我们没有情感的需求，恰恰相反，这更反映出沟通和交流的必要性。

因为情感拥有伟大的力量，也因为我们的情感需要有人共鸣，所以我们的悲喜即便不相通，也要努力去共情。

"我愿意试着站在你的立场上，体验你的精神世界，只是因为我爱你。"家长要让孩子明白这一点。

第二节
承认年代差异，试着理解孩子想问题的逻辑

情景再现

一大早，妈妈和宇哲又发生了小摩擦。

今天降温到零下几摄氏度，宇哲却只在校服里面套了件短袖。妈妈看着被丢到一边的保暖衣裤，忍着心中的不悦，说："今天降温，外面可冷了，你把保暖内衣穿上好吗？"宇哲一边低头整理衣服，一边说道："不穿。"

妈妈强调："那回头冻感冒了……"

"没事。"宇哲头也没抬地说道。

宇哲这种不冷不热的态度，令妈妈觉得有种一拳打在棉花上的感觉。为了缓解尴尬，妈妈便换了话题，招呼宇哲吃早饭，宇哲答应了一声，坐在餐桌前默默喝起了粥。

这时候，妈妈看到了宇哲的头发，于是便说道："头发该剪了啊，男生就是要短头发才显得利索。可别跟你那个同学似的，留个长头发，像什么样子！"

宇哲一听这话，碗一放，说了句"你别说我同学"，然后扭头拿书包就走了。只剩下再次交锋挫败的妈妈，独自吃着早餐，味同嚼蜡。

把校服裤子裁短、改瘦；大冬天坚持穿短袖；大夏天穿得上衣长、裤子短，上衣遮住裤子，看起来就像没穿裤子……在接受传统审美教育的父母们看来，这样的穿着打扮十分不得体。于是，家长经常会因为孩子的穿着而跟孩子发生争执。

为什么家长会执着于纠正孩子们的穿着打扮？其实无非两个原因：第一个是不符合家长的固有观念；第二个是觉得孩子过分注重外表，害怕他们因为爱美而减少学习的心思，继而影响学习成绩。

其实，家长可以想一下：男孩留着没特点的普通寸头，女生梳着标准的马尾，都穿着统一的校服、运动鞋，素面朝天，他们就一定是学习优异的孩子吗？那些化妆、染发、打耳洞、穿裙子的时尚孩子，就一定是成绩不好的孩子吗？如果家长的答案是肯定的，那么，我们不妨反思一下自己，是不是这种观点过于肤浅和狭隘了。

我们如果仍旧用表面的穿着打扮去判定一个人的内在，那只能说，我们需要纠正的不是孩子，而是自己。孩子想要健康成长，父母的宽容理解是一方面，另一方面还要看孩子本身的内在驱动力。所以，家长不要过分禁锢孩子，因为孩子不会因为一点点的标新立异就误入歧途。而作为家长，如果我们想要理解孩子的想法，那就要学着站在孩子的立场上想问题。

第一，用同理心理解孩子的行为。

家长可以回想一下自己小时候，回想一下自己的青春时代，是不是也有懵懂的、追求潮流的行为呢？虽然社会是不断发展进步的，但青春期孩子的心理都是相似的。当初我们也会选择标新立异，那现在，我们为何不能对孩子宽容一些呢？

现在，孩子所处的环境是一个信息爆炸的环境，这个时代是个日新月异的新时代。现在，时尚文化、美妆、穿搭文化等，以各种形式高频出现在孩子的生活中，他们其实早就在接触各种"美"的文化的导引和熏陶了。所以，家长不妨对新时代的孩子宽容一些，让他们自己探索、自己学着做判断。

第二，不双标，不焦虑。

你所谓的孩子们的"臭美"，其实也是在追求美。所以在追求时尚这样的事情上，我们都曾经做过一样的事。这有错吗？这没错，我们只是在追求"美"。

可能等孩子们长大了，再回头看看，觉得今天的追求有点幼稚，但是在当下，那就是"时尚，时尚，最时尚"！而且，孩子只有经过自己的探索，才有可能逐渐培养起良好的审美观，家长的阻止和建议并不会缩短这个过程，更不会省略这个过程。所以，家长不要用过来人的身份和眼光去评判这个时代的审美。当年的我们，其实在长辈的眼里可能也同样是标新立异、不可理喻的。

第三，透过现象看本质。

其实，青春期的孩子或者性格高冷，或者爱美，或者特立独行，本质上还是在追求存在感。孩子们大部分的时间都在学校度过，而学校是一个去特征化的地方，是一个标准化的地方。出于管理的考虑，我们理解学校，但我们也应该明白，这是跟孩子的成长规律相违背的。我们都是需要存在感的，我们都希望被看到、被重视。对于青春期的孩子来说，尤其需要证明自己的存在感。

孩子在这种去特征化和标准化的环境中，或许会感到压抑。所以，在看到他们努力地想在千篇一律中展现出属于自己的一点点独有的特征时，我们要做的不是指责和纠正，而是忽略他们裁短的裤脚、棉服里的短袖、偷偷化的淡妆、拖着总不去剪的头发，给他们一些喘息的时间和自由的选择，让他们的这些小心思成为他们青春中小小的闪光点，成为他们标准化生活中的一点点带色彩的小点缀。

第三节
孩子的"自我意识觉醒"，不能都贴上"叛逆"的标签

 情景再现

欢欢妈妈正在打电话和闺密诉苦，谈话的内容是关于自己女儿的。

欢欢现在上初三。原来的欢欢在爸爸眼中一直是标准的乖乖女，学习上积极主动，上课认真听讲，下课按时完成作业，成绩总是名列前茅；生活上独立自主，自己收拾自己的房间，还会帮助妈妈做家务。

妈妈的同事朋友都知道这是一个又听话又省心的孩子，平时交流起来对欢欢妈妈都是十分羡慕。欢欢妈妈也因为自己教出这么一个优秀女儿而感到骄傲。

可是，现在欢欢妈妈却十分烦躁，因为女儿突然变得叛逆起来。

在家里，面对父母的问话，爱搭不理，有时候甚至开始顶撞；在学校，老师也反映学习成绩有所下滑，总是和一些坏学生混在一起。欢欢妈妈一边想着，一边抹起了眼泪。她实在不明白，为什么好好的一个孩子，最后竟然变成了这样！

什么是自我意识觉醒？很多人都对这个概念感到不解。自我意识也可简称为"自我"，它指的是个体对自身的认识。在谈孩子之前，我们可以先来想想自己，我们对自己的认识足够清晰吗？我们的自我意识已经觉醒了吗？

对大多数父母来讲，生活的状态是每天忙忙碌碌、疲于奔命——上班下班、

118

家务琐事、人情世故，闲暇的时候很少。一旦有空闲，我们可能都愿意选择做一些轻松的事情：刷刷手机，吃点零食。可能很多父母自己都还处于迷茫的状态，自己的人生还没活明白，但是面对下一代的时候，我们忽然成了"权威"，成了"先知"。我们自诩"有经验"和"过来人"，在比我们弱小的孩子面前展现出来的优越感，掩盖了我们自身的迷茫和无知，一瞬间让自己忽略了，原来我们自己还没弄懂自己想要什么，自己是谁。

对于孩子来讲，在幼儿阶段，他们的自我意识是模糊的，总是在模仿外界的行为：别人做什么，我就做什么；大人说什么，我就学什么。而且幼儿分不清外在世界和内心世界，分不清哪些是自己想象的情景，哪些是自己真实经历过的。比如，有的孩子特别想去游乐场，但是家长没时间带他去，过了几天，孩子可能会说："我去游乐场玩了。"这些都是幼儿认知发展不足的表现。

随着年龄的增长，渐渐地，他们的自我意识也开始苏醒。

3~4 岁时，许多孩子会出现第一个逆反期，这时候的小孩子会表现出对父母控制的反抗，有了实现自我价值的意愿，而且想要参与成人的生活。如果大人帮他们做了某事，他们还常常要恢复原来的状态。

这是孩子们必经的一个阶段，证明孩子内心中，那微弱的"自我意识"正在探头。他们希望能够自己做一些事，并从中获得成就感。

进入青春期，这种自我意识的小火苗会越蹿越高，他们意识到自己是一个独立的个体，而这时候他们变得"孤僻""冷酷"，喜欢独处，和父母不似从前那般亲近。抑或是开始质疑，包括质疑父母和老师："你怎么知道？""是这样的吗？""老师说的都对吗？"

面对孩子的质疑，我们先不要着急，也不要觉得自己的权威受到了挑战，从而变得暴躁甚至失控。他们只是自我意识逐渐在苏醒，因而更加注意周围的环境，想要从周围的环境和周围的人身上获得确定感，也要求获得平等的待遇。

所以，应该如何面对孩子的觉醒状态，一起度过这段重要的时光？

第一，多站在孩子的立场上考虑问题。

了解孩子的心情和正在经历的阶段，了解他的实际需要，给予帮助，而不是站在一边指指点点。

在非原则性的问题上，放手让他自己去探索。即便是磕磕绊绊，摔个跟头，那也是成长的必经之路。父母不可能一辈子为他遮风挡雨，当孩子展现出想用稚嫩的翅膀试探飞翔的时候，鼓励他是最好的选择，指责或打压可能会让他的翅膀折断或在羽翼未丰之前选择冒进。这二者都不是我们希望看到的。

第二，尊重孩子的隐私。

不要事无巨细地过问孩子。很多家长害怕孩子在脱离自己的掌控后，就会毁了自己，毁了整个人生。可事实上，家长那样做只会给孩子带来巨大的压力，让孩子离自己越来越远。

第三，相信孩子。

家长要相信，孩子其实有自我解决问题的能力，也有自我疗愈的能力。家长要做的，就是在孩子需要发泄的时候，帮他找到合适的发泄方式。

第四，在他们需要的时候给予支持。

比如，在孩子质疑权威的时候，家长不要一味地呵斥他们为什么这么不懂事，家长可以先化解孩子的情绪，然后了解他们究竟遇到了什么状况，帮他们找到问题的根源在哪里，再一起探讨应该如何应对。

如果家长给予这样的支持，不仅能够梳理孩子的情绪，还能教会孩子如何解决问题，他们自己解决问题的能力也会得到提升。

第五，给他们创造良好的环境，引导他们找到自己的爱好。

每个孩子都是独一无二的，喜欢的事物也是不同的，家长需要保护他们的好奇心和热情，让他们能够在自己感兴趣的领域寻找到慰藉与成就感，抚平躁动的心灵。

回顾孩子的成长过程，我们可以发现，自我意识觉醒是个逐渐发展的过程，同时也是一个自然的过程。自我意识觉醒不是什么坏事，反而能不断推进孩子成长、成熟，引导孩子探索与周围的人和周围的环境的关系。他们会在自我意识不断觉醒的过程中，逐渐形成自己的认知，并逐渐找准自己的定位。

只要明白了这些，家长在面对孩子的逆反、对抗时，就不再将这些行为看作是问题，也不会将孩子看作"问题少年"。所以，当一个孩子说"不"时，家长不妨把这句话看作他们的自我独立意识觉醒的标志。我们应该为之感到高兴，因为孩子进入了一个新的阶段。

第四节
和家长对着干时，可能是孩子的内心诉求没有得到满足

情景再现

　　小琪从小喜欢画画，虽然可能画得不那么漂亮，但小琪总能从中发现乐趣，并沉浸其中。妈妈看到女儿有这方面的爱好，决心将她往专业美术人才方面培养。于是妈妈给小琪报了美术班，甚至不惜报价格昂贵的名师课。

　　好在，小琪的成绩让妈妈感到很欣慰，她的画画水平也有了明显提高，妈妈也因此下决心要更加努力培养她。比如，周末在家，妈妈会让小琪多画两幅素描，就当是休闲娱乐了；又或是在小琪随手画的漫画被妈妈看到后，说上一句"线条还不够流畅，还得多练练"。

　　妈妈的这些刻意催促，逐渐让小琪感到有些不自在，尤其进入初中后，小琪更不愿意受到约束了。后来，让小琪压力更大的事来了，那就是妈妈带她到处参加比赛，逼着她做各种枯燥的训练。

　　渐渐地，小琪发现自己对画画没有了热情，甚至开始讨厌和抵触起画画这件事来。于是，她大声告诉妈妈，她再也不要参加什么比赛，也不要上美术课了！

　　进入青春期的孩子，有强烈的自主要求，如果这时候家长不能及时了解孩子的内心诉求，那么就有可能激起孩子的叛逆心理，从而做出一些冲动的决定。

就像是故事中的小琪，她在感到学画画成为压力之后，就毅然决然放弃了画画，从此不再上美术课，也不再去参加什么比赛了。

对于小琪的行为，妈妈肯定是无法接受的，她只会觉得女儿是叛逆期到了，是故意和她对着干。在家长看来，你学画画就不要怕困难，既然想取得成就，哪能不付出努力呢？但这些劝说对小琪都是没用的，因为小琪已经无法从画画中获得快乐了。

一个本来对画画抱有极大热情的，内心充满无数美好的、天马行空的幻想的女孩，就这样消失不见了。到底是什么扼杀了她的爱好？如果我们将原因只归结为孩子没兴趣了，或者是有畏难情绪，那恐怕只是表象。真正原因，是妈妈的步步紧逼，让小琪把画画当作一种负担，这才扼杀了她的天赋。

其实，法国作家夏多布里昂早就洞察了这个秘诀："有些你以为坏的东西，或许会引发你孩子的才能；有些你认为好的东西，或许会使这些才能窒息。"这也给我们一些和孩子相处方面的启示。

第一，反思自己，我们对孩子的成长，是否过于焦虑。

在生活中，我们催促孩子写作业，带着孩子去补习，逼着孩子练乐器，其实都是基于自己的经验在为孩子做规划。事实上，父母这样做的出发点无可厚非，因为我们知道，这些都是正确的，我们不想让孩子的"少壮不努力"变成"老大徒伤悲"，我们有责任和义务让孩子不落于人后。可是呢，我们却忽略了孩子原本的想法。

我们把孩子的出路和未来想得太单一，也因为"光环效应"而焦虑，觉得别人家的孩子都各有长处，只有自己家孩子资质平平、自控力差、没有目标。其实我们都知道，每个人都有自己的长处和短处，只是在面对自己家孩子的时候，我们的眼睛不自觉地就戴上了有色眼镜，一点点瑕疵都要无限放大，然后自己吓自己，然后焦虑，再然后开始"鸡娃"。

第二，不要忽视孩子的"抗议"。

孩子不分青红皂白地跟父母对着干，凡是父母拥护的，他们就要反对，这的确让人很恼火，也让父母很有挫败感。可是，我们要知道孩子看似反抗的对象是父母，其实可能只是在为内心那个逐渐觉醒的自己争取权利，他们只是向往成长罢了。

如果孩子面对我们的安排或催促开始抗议，无论是语言上的反驳，还是行动上的抵触，抑或是无声地与我们对峙，我们都要先忍住即将脱口而出的指责和教育，然后停下来想一想：这是我想要的吗？我要一直和我最爱的孩子这样斗争下去吗？他是不是真的不喜欢？我问过她的想法吗？我们可以靠着家长的权威或者惩罚暂时让他屈服，但是以后呢？

当孩子提出抗议时，正是家长该反思的时刻，也是你和孩子之间问题暴露的时刻。如果孩子反抗了，那就说明是你的教育方式出了问题，你们的沟通出了问题。身为家长，你需要解决问题，但不要想着速战速决。用战术上的勤奋掩饰战略上的懒惰，将来后患无穷。

第三，了解孩子内心真正的需求。

我们再看看上述案例，小琪喜欢画画吗？喜欢。她只是不喜欢为了应试而去画画。妈妈问过她内心真正的想法吗？没有。妈妈只是觉得应该往专业的方向培养，于是开始费心费力地为女儿张罗铺路。那么，结果是什么？结果是女儿不但不领情，还彻底与这项爱好割裂。可妈妈呢？她伤心疑惑，以为女儿只是故意跟她对着干。所以，家长一定要了解孩子的需求，在孩子跟自己"唱反调"时，多问几个为什么，这样才能避免遗憾的事情发生。

第四，谈话需要技巧。

我们在和孩子产生分歧，遇到孩子不听从指挥，甚至和我们对着干的时候，可以按照下面的步骤去谈。

1. 找一个合适的时机，问问孩子是否愿意和你谈谈。

2. 如果愿意，那么就两个人有分歧的事情真诚地询问孩子的想法。

3. 温和、坚定、明确地表达自己的想法。

4. 与孩子制订出可以互相接受的方案。

5. 不管结果如何，表明自己都是爱他的。

6. 如果孩子不愿意谈，那么同样表明自己无论如何都是爱他的，并随时准备提供帮助。

7. 切忌说"我这都是为了你好"。

为了你好，所以催你做作业；为了你好，所以管控你……这真是令人感到压力巨大的一句话，因为没人愿意背负这样的道德负担。

生命的成长过程不能重来，每个人只有一次经历生命过程的机会。小琪可能再也与画画无缘，小琪的妈妈可能错失了一个有天分的画家。

所以，在教养孩子方面，家长需要慎重对待。因为我们的言行举止，很可能会影响一个生命个体一生的选择。

第五节
有意无意撒谎，很可能是孩子想保护自己

 情景再现

考试成绩发下来了，丽丽又是不及格。她想到爸妈的"混合双打"，就不由得头皮发麻。

就在丽丽唉声叹气的时候，她的同桌大壮凑了过来："唉，你真傻！老师让你不作弊，你就不作弊了？你看看我的！"

大壮扬了扬手里69分的卷子，骄傲地说道："不但及格，还多了9分，这下暑假我爸妈肯定要带我去苏州玩了！"

丽丽一脸羡慕："唉，你胆子真大，我实在是不敢抄，我总觉得老师在看我。"

大壮想了想，说道："好办，你就跟你爸妈说，你是因为考试的时候肚子疼，头疼，眼睛也疼，所以没考好，你爸妈肯定就不打你啦！"

"哎呀不行，这不是撒谎吗！"丽丽头摇得像拨浪鼓一样。

谁知，大壮一巴掌拍在丽丽后背："是不是你爸妈打你打得不疼啊？撒谎咋了，撒谎能去苏州玩，你能吗？喊，好心给你出主意，你还不用，那你等着挨打吧！"

回到家后，丽丽忐忑地把试卷给爸爸妈妈递过去，爸爸一看分数，刚要发火，丽丽就赶忙哭道："爸爸！我不是故意考这么点分数的！考试的时候，我头疼，眼睛也疼，肚子也疼，这才考砸了！"爸爸将信将疑，于是把答案遮住，让丽丽再做一遍卷子。

丽丽支支吾吾地做不出来，爸爸脸色越来越难看。最终，丽丽还是迎来了

一顿"收拾"。而且，她还因为撒谎，被罚了两个月的零花钱。

例子中，丽丽的行为肯定是错误的。但是，丽丽的爸爸也需要反思自己，为什么丽丽选择撒谎？因为她害怕爸妈的"混合双打"。所以，丽丽撒谎，其实是为了保护自己。

从这个例子中，家长需要获得一些有关教育的启示。

第一，孩子是一个独立的个体，不是谁的成绩单和附属品。

很多家长将孩子是否优秀，看作检验自己人生成功与否的重要标准。

比如，孩子在学校成绩好，在生活中懂礼貌，那就是当父母的教育得好，就能让父母脸上有光，让父母的虚荣心获得满足。请问，这时，家长将孩子看成了什么？其实不过是一件作品，或者一份人生的成绩单罢了。

家长唯独忘了，孩子是一个活生生的个体，他有自己的喜怒哀乐。所以，家长不要将孩子的成绩看得太重要，否则就会让孩子出现叛逆行为。

第二，孩子撒谎时，我们需要了解背后的原因。

当家长发现孩子有意无意地撒谎时，先不要上升到人品高度，给孩子扣上不诚实、道德败坏的大帽子。家长应该去了解孩子说谎背后的原因，他很可能是为了自我保护，为了避免你的唠叨或责罚。那么，家长就应该反思自己，是不是自己对待孩子的方式有问题，尤其是不是曾经面对孩子的错误，你表现出了愤怒，或者直接批评、指责。人都是不愿意面对批评指责的，所以下一次，为了避免承受来自你的责难，孩子就会选择说谎。

第三，父母不要用权威去压制孩子。

在这里我们再来回顾一下丽丽撒谎这件事。我们可以推测，丽丽的父母其实是很严格的。久而久之，丽丽学会了"自我保护"，这便是撒谎。所以，父母不要把孩子逼得太紧，否则，孩子就会用叛逆的行为，来为自己争取喘息的机会。

第四，在沟通过程中，家长一定要做好铺垫。

在与孩子进行沟通时，家长如果只会一味斥责孩子，那就会让孩子的心门关得更紧。同时，他们也将使用比撒谎更严重的方式来保护自己，比如，跟家长顶嘴、离家出走等等。所以，家长一定要用正确的沟通方式，与孩子进行沟通。

正确的沟通，需要建立在相互理解的基础之上。如果孩子是为了掩盖自己的过错而撒谎，家长就应该告诉孩子："有些错误是可以被原谅的，但说谎不行。"

第五，在孩子认错和改正时，家长要及时予以表扬。

孩子在说谎之后，如果他们能向父母承认错误，或者虽然他们不说，却在今后减少说谎的次数，那家长就要充分肯定孩子，让孩子知道，爸爸妈妈其实一直在关注他们，这样也能让孩子变得更加优秀。

孩子的天性是好奇的、爱玩的、无拘无束的，就像一条奔涌在辽阔大地上的河流。如果让河流自然流淌，可能就会泛滥决堤。治理泛滥的一条河流，如果一味地采取"堵"的方式，可能只是眼下见效果，却后患无穷，对家长和孩子都毫无益处。

因此，好的治理方式一定是"疏"，是顺势而为。每条河流的流向、流速都不同，所以，要找到适合自己家那条"河流"的沟通方式。清除淤泥，高筑堤坝，引流旁支，最终引导其在河床内自由奔流，流向浩瀚的海洋，这才是我们希望看到的景象。

第六章

青春期叛逆，我们该如何解决

第一节
蔑视权威：孩子主体意识没有得到尊重

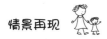

情景再现

小张妈妈今天真是又难受又生气，原因就是她的女儿小张跟她说了这样一句话："我的事情用不着你操心，我爱怎么办就怎么办，唠叨得真烦！"

今天早上下小雨，小张妈妈便提醒要出门的女儿多穿件衣服，得到的回应却是"不冷，不用穿"。

这句话把小张妈妈浇了个透心凉，孩子不听好言相劝，还对自己说出这么难听的话来，真是让人心寒。

在面对父母的管教时，叛逆的孩子有时候会表现得非常急躁和张狂。他们可能会觉得父母的说教很无聊，所以会很不耐烦，也会歇斯底里，来表达自己的不满。总之，从他们的言行举止中，父母不会感到一丁点来自子女的尊重和敬意，会觉得自己丝毫没有做家长的威严。

并且，孩子不仅对父母这样，在面对其他的长辈或是上级时，也会如此。

情景再现

课堂上，李老师正讲得起劲，却不经意间碰见小林在呼呼大睡。李老师径直走到小林旁边敲了敲桌子，小林被惊醒，一脸不耐烦。

"认真听讲，这节课内容很重要。"李老师说。

"你讲的我都会了，而且我现在有点不舒服，所以才趴着。"小林振振有词。

"不舒服就去医务室，课堂不是休息和睡觉的地方。"李老师本想着小林能够知错就改，没想到他竟然公然挑衅自己。

然而，更令他没有想到的是，面对同学们关注的目光，小林不仅没有感到羞愧，反而一副很得意的样子。

印象里，叛逆的孩子总是一副天不怕地不怕的模样，好像这世界上没有他们畏惧的人或事。他们觉得自己就是世界的中心，所有的事情都要按照他们的意愿去做；他们无法无天、没大没小、藐视权威，不把任何人放在眼里。可事实上并非如此，当我们从父母长辈的视角来看待叛逆孩子的行为时，是很难有客观的认识的，很多时候都会存在理解偏差。

其实，孩子做出那样的行为，并不是质疑或藐视权威，只是，他觉得自己具有和你们完全一样的权威。而他也会和你们一样，不遗余力地维护自己的权威。

孩子进入青春期后，自我意识和独立意识增强，他们对很多事情都有了自己的想法，并且对此非常坚持，一旦被人否定和反驳，就会"炸毛"。换个角度看，这其实跟父母是一样的，父母们也总会认为自己的想法是正确的、有道理的，希望孩子能够听从，一旦孩子质疑，父母也会生气。

这本质上，都是在维护自己的权威，捍卫自我的主体意识。换句话说，孩子藐视权威，不懂礼貌，很大程度上就是因为自我的主体意识没有得到尊重，于是用这样一种手段来彰显自己的权威，引起他人的关注。从这个角度来说，我们就可以通过尊重孩子的主体意识来减少他的叛逆行为。

那么，具体应该怎么去做呢?

第一，明确界限，让孩子成为他们生活的主角。

情景再现

兰兰正在屋里听歌，妈妈啪的一声推门进来，把她吓了一跳。

"这是我的房间，妈妈，您进来前能不能敲一敲门？"兰兰恳请道。

"我进我自己家，进我自己闺女的房间，我还得敲门？听听你说的这是什么话！"兰兰的请求，妈妈却不以为然。

终于有一次，兰兰实在忍无可忍，就跟妈妈大吵了一架，但妈妈还是觉得是兰兰小题大做，为此还骂兰兰不孝顺。由于这一次的矛盾，兰兰觉得她跟妈妈实在沟通不了，就申请住校了。

孩子的主体意识很大程度上就是通过自己掌控自己的生活来实现的，如果这种权利被剥夺，他们就会感到厌烦和不安。当这些负面情绪积压到一定程度，就会通过"叛逆"的形式释放出来。

而父母过于干涉孩子的生活，就是在一点点剥夺孩子为自己规划和负责的权利，这不仅会造成孩子的逆反，还会让亲子关系变得越来越恶劣。

让孩子成为自己生活的主角，就意味着父母要把自己和孩子划分开，尤其是当孩子进入青春期后，不管是身体上还是精神上，父母都要留给孩子足够的个人空间，不去随便侵扰他们的领地。比如，不随便进入孩子的房间，不随便翻他们的日记和聊天记录，不强迫他们吃什么、穿什么，不干涉孩子的正常交往，尊重孩子的理想等。

第二，积极鼓励，多称赞孩子的优点。

情景再现

周末，小庄和爸爸在家，张叔叔来家里做客。其间，张叔叔和爸爸商量了一些事情，涉及算数，看到小庄一直在玩手机，爸爸就故意把他喊过来说出一道题考一考他。小庄一听是算数，就嘟哝着说："你又不是不知道我数学不好，我不会，你们自己算吧。"

爸爸觉得小庄是想玩手机才这样说，就有些生气："你还没听题目怎么就知道不会，再说了，你为什么数学不好，上课没认真听吗？"

"我说了不会就是不会，你们的事情为什么非得让我掺和！"爸爸的话惹急了小庄，小庄起身进了卧室，咣的一声关上了房门。

"唉，现在这孩子，真是说不得。"爸爸无奈道。

例子中小庄这样的举动的确很不合时宜，给人一种不懂事的感觉，但这真的是他品性上的问题吗？并不是，导致小庄这样做的根本原因其实是不自信。他认为自己不擅长数学，而爸爸却要当着外人的面考验他，所以产生了反感情绪。孩子到了青春期，自尊心也会增强，这种情况下，他是非常害怕自己出丑和丢面子的，而爸爸的一再要求就使得他更加反感和恐惧，到最后演变成愤怒急躁。

现实中像小庄一样的孩子其实有很多，他们怯于在他人面前展示自己，一旦自我封闭的保护壳被打破，就会变得暴躁起来。归根究底，还是因为他们的自我认同感比较低，对自己没什么信心。家长要做的就是帮助孩子建立自信心，让孩子更加认可自己。

有的家长可能会说我的孩子就是没什么特长啊，什么都做不好，那怎么才能让他有自信呢？自信并不需要什么都会，而是自己相信自己可以做到，最简单的自信来源就是鼓励和夸奖。青春期的孩子尚没有形成成熟的自我评价系统，对自己的认识很多时候都是来源于外界的看法，因此，他们的自信很大程度源于他人对自己的认可。

日常生活中，父母应该多留意孩子做得好的地方，不吝夸奖。当然称赞时一定要真心实意，不能故意做样子。对孩子做得不够好的地方，也应该以鼓励为主，不要直接否定和批评。

当孩子拥有了自信，即使他做得不够好，也会乐于展示自己，并能从中积累经验。这种情况下，孩子的主体意识也会增强，更能促进他向上向好。

第三，引导孩子培养更多的兴趣爱好。

当然，空有自信也不是一件好事，这可能会让孩子感到一时的荣光，但最终会招致反噬。所以父母也要培养孩子的兴趣爱好，让他找到自己真正擅长的事。这样他才能更加认可自己，同时也能更多地得到别人的认可和关注，尽情享受被人瞩目的感觉。

当一个孩子足够认可自己，并且能收获来自周围的掌声时，他整个人就会生活在一种积极向上的氛围中，内心也会变得平和而强大，也就不会用夸张的、逆反的做法来彰显自己的权威，引起他人的注意。

第二节
规矩不如榜样，家长的威严要体现在行为上

情景再现

邻居张姐的儿子阿明今年刚升入初中，最近张姐越来越觉得儿子没有以前听话了，心里不免忐忑起来。

晚上吃饭的时候，阿明还在玩手机，张姐喊了好几声都没答应。想起这几天儿子种种不听话的行径，张姐瞬间怒火中烧，走过去啪的一下把手机打到了沙发上："我说了多少句了，耳朵聋啊！"

阿明瞥了一眼妈妈，不服气地说："爸爸也在玩啊，为什么他能玩，我就不能？"没等张姐说话，阿明爸爸就有些生气地说："我这是忙工作，跟你玩能一样吗？况且谁是爸爸，你还管起我来了。"

阿明虽然没再说话，但是心里仍旧不服气。第二天到了吃晚饭的时候，就把自己关在了卧室，任凭父母怎么叫都不出去。

在很多父母眼里，孩子听话就是父母权威的体现，一旦孩子表现出不顺从的迹象，父母就会觉得自己的权威受到了挑战，进而选择更激烈的方式来维护自己的权威。比如：有的父母会像阿明的妈妈一样提高音量，大声呵斥；有的父母会像阿明的爸爸一样，直接拿出自己长辈的身份来压制孩子；还有的妈妈会哭诉孩子不孝顺，有的爸爸会直接用暴力制裁。

做父母的有威严，让孩子信服是好事，也是必要的，但这种威严并不是依

靠糊弄、蛮横和强迫来维持的。立再多的规矩，父母不做好榜样，教育的效果也会微乎其微，甚至还会起反作用。如果父母从自己做起，即使不用过多强调，孩子也会从心底里信服父母，从而效仿着去做。

有人说，教育孩子，"讲道理"是下策，发脾气是下下策，那么上策是什么？就是榜样和示范。

费曼先生在《智慧人生》中就曾叮嘱父母们："不要唠叨，不要啰唆，只要以身作则，不可朝令夕改，也不必三令五申，他们会潜移默化地受到影响。"

教育孩子时，父母很多时候都是以单方面的道理灌输为主，把自己的失败经验当作教训，一遍遍重复给孩子听，让他不要重蹈覆辙；将自己总结出来的成功方法倾囊相授，希望孩子按照自己规划的方向走。

如果讲道理孩子不听，那就发脾气，命令他去听，再不济就控诉他不孝，用断绝关系来威胁……

父母的本意是好的，方法却是不科学的，尤其是对于叛逆的孩子，如果不顾及他的意愿，一味按照自己的想法去说教，孩子必定会感到被逼迫，自然就会产生更严重的逆反心理。到最后就会演变成，你越是让他做什么，他偏偏不去做。

在这样的模式中，父母常常会因为孩子不听劝而感到愤怒和无力，觉得自己已经说得非常明朗了，可孩子就是不当回事儿，这并不是孩子在故意和你作对，而是因为他没有办法与你感同身受。那些你深以为然的道理，是从你个人的经历、你的学习、你受到的影响中逐渐得来的，可是孩子并没有和你相同的人生历程，因此也就听不进去。再加上青春期各种不稳定因素的影响，孩子就更会对这种单方面的说教感到厌烦。

所以，对于青春期的孩子，很多道理是不适合单方面灌输的，更不能用强迫的方式让他听。父母能做的就是少说多做，将"言传"和"身教"结合起来，用具体的行动去影响孩子，树立威严。

当然，具体实施的过程因人而异，但是一定不能脱离以下两个大的方向。

第一，父母要学会看到自己的不足，懂得向孩子道歉。

相比于有错不敢认、不懂得道歉的父母，敢于承认错误、勇于跟孩子道歉的父母才更能赢得孩子的尊重和敬爱，也才能使教育更有效果，让孩子受益。因为这样的父母敢做敢当，敢于展现自己的缺点，同时能够为改正这些缺点而不断努力。孩子看在眼里，对父母就会由衷敬佩，从而也会那么去做。

父母与其埋怨孩子为什么难以接受批评，为什么不懂得扬长补短，不如先审视自己有没有这样去做。

第二，父母要擅长发挥自己的优势，让孩子受到积极影响。

2017年北京高考状元熊轩昂说的一段话，令人深思。

情景再现

我现在取得的成绩，很大程度上也是源于我的父母，并不是他们对我管教得有多严厉。我父母是外交官，怎么讲呢，他们给我营造了一种很好的家庭氛围，包括对我学习习惯、性格的培养，这都是潜移默化的。因为我每一步的基础都打得比较牢靠，所以最后自然就水到渠成。

在教育上，熊轩昂的父母其实并没有多么费力地做些什么，他们只是将自己作为外交官的优势充分展现了出来，比如，不断学习的态度、稳重不张扬的性格、毫不退让的勇气，这些他们并没有用嘴说出来，却对孩子产生了最深刻的影响。

有的父母可能会说，我不是外交官，也没什么本事，就是一个普通人，怎么发挥优势呢？其实，我们所说的优势，并不是世俗意义上的成功、优秀，更确切地说是一种精神、一种品格。

情景再现

有这样一位母亲，她没什么文化，更不懂得什么大道理，却培养出了一位优秀的作家儿子，他的名字叫莫言。

莫言在回忆自己母亲时曾写道："她使我获得了一种安全感和对未来的希望。母亲没有读过书，不认识文字，她一生中遭受的苦难，真是难以尽述。生活留给我的最初的记忆是母亲坐在一棵白花盛开的梨树下，用一根紫红色的洗衣棒槌，在一块白色的石头上捶打野菜的情景。绿色的汁液流到地上，溅到母亲的胸前，空气中弥漫着野菜汁液苦涩的气味……这个记忆的画面更让我难忘的是，愁容满面的母亲，在辛苦地劳作时，嘴里竟然哼着一支小曲！"

并不是只有足够优秀和伟大的父母才能做好示范，每个人都可以有自己的闪光点，很多不起眼的小事也都蕴含着大道理。普通的我们，在普通的生活中也可以为孩子做好示范，带给孩子好的影响。

父母应该发现自己的优点，有意识地去改正那些不好的习惯，用切实行动给孩子做好榜样，再配合说教来引导他们。在这一过程中，我们自己也会变得越来越好。

规矩不如榜样，家长的威严要体现在行为上。要育儿，先育己。要孩子听话懂道理，家长首先要做好自己。

第三节
不良社交：亲密关系中可能存在角色缺位

情景再现

"可欣！你才多大啊就跟男生搞这一套！你小小年纪怎么这么坏啊你！"客厅里，妈妈一边揪着女儿的耳朵，一边气急败坏地说道。

可欣哭着拉着妈妈的手大声说道："你怎么把我们想得这么龌龊啊！他不就是搂了一下我的腰吗？有什么大惊小怪的！"

妈妈气得下手更重了些："你还有脸说？你个10岁的小丫头怎么这么不检点！还'不就是搂了一下我的腰吗？'那你还想干什么？啊？你说呀！"

可欣哭得嗓子都哑了，可是就不认错，直到爸爸下班回家，才把可欣"救"了下来。

生活中，大部分家长都会因为孩子与异性交往过密而紧张不已。他们会不自觉地想"我家孩子是不是被带坏了？""我家孩子是不是被欺负了？""这样影响太不好了，我家孩子和我的声誉都会受到影响"。

是的，面对生理问题，不仅孩子充满矛盾和不解，家长也同样充满矛盾。虽然现在已是21世纪，不少家庭仍然对"性别教育"这件事讳莫如深。

从前人们认为，青春期是13岁到19岁，可事实上，很多孩子在10岁左右就已经进入青春期了！孩子的青春期是一个充满好奇的时期。这一时期，青少年的性器官开始发育成熟，一些孩子会出现第二性征。随之，青少年在生理上会发生急剧的变化，而生理上的变化，也会带动他们的心理发生改变。

与此同时，家长如果不能及时对孩子进行"性别安全教育"，就会让孩子失于"性别安全防范"，这个结果就是：一部分孩子会自行探索异性的秘密，另一部分孩子会因为那些勇于探索的孩子而受伤。

例子中可欣的家庭就是典型的"性别安全教育"缺失的家庭。还是小学生的可欣不懂得保护自己，这是因为她尚不懂得与异性保持安全距离。但问题最大的不是可欣，而是可欣妈妈。她不仅疏忽了孩子的性别安全教育，而且在问题发生后，一直用激烈的言语谴责作为受害者的女儿，这样反而会让女儿对异性和家庭产生恐惧，进一步激发孩子的叛逆心。

情景再现

放学后，嘉琪一脸好奇地问妈妈："妈，我们班小强亲了娜娜一口，你说娜娜会不会怀孕啊？"面对嘉琪的疑问，妈妈简直目瞪口呆，现在的孩子都这么早熟了吗？

妈妈轻咳一声，敷衍道："不会。"

"为什么不会？"嘉琪越来越好奇了，"那怎么样才会怀孕呢？是不是先怀孕，才能生小宝宝啊？娜娜会不会跟小强生小宝宝？他们会带着小宝宝上学吗？"

妈妈简直无语："你问这个做什么？小姑娘满口怀孕生孩子的，简直不害臊！去去去，赶紧学习去，别想这些有的没的了！"

嘉琪轻轻吐了吐舌头，回屋写作业去了。

其实，很多家长没有对孩子进行性别安全教育的原因并不是他们疏忽了，而是他们找不到合适的时机去教育孩子。面对幼小的孩子，家长都会感到手足无措："给这么小的孩子讲'性'的问题，会不会太早了？"

当这种念头出现后，家长就会刻意地回避与"性"有关的问题。当孩子好奇地询问家长时，家长则会告诉孩子"别问了，这不是你该知道的""你小小年纪问这个做什么"，这些回答会让孩子认为，"性"是可耻的，是神秘的，这就会造成两种后果：

第一种，孩子会越挫越勇，用自己的方式去探索"性"，最后有意识或无意识地伤害他人。

第二种，孩子会避之如虎，他们不敢跟任何人（尤其是跟父母）谈论"性"。在受到欺负后，他们也会选择隐忍，以免被别人认为自己是无耻的。

毫无疑问，上述两种结果，都不是家长想看到的。

那么，家长应该在什么时候对孩子进行性别安全教育呢？答案是：从孩子出生时开始！早在婴儿时期，孩子就可以从父母的身体、衣着、发型、声音、行为等方面来区分男女了。针对孩子的性别安全教育，家长要把握如下3个原则。

第一，性别安全教育越早越好。

《周易》中有一句话，叫"蒙以养正，圣功也"。这句话的意思是，小孩子在童年时是无知的，此时便是引导他美好德行的最佳时期。无独有偶，这一观点与西方心理学家所提倡的孩子的"性别安全教育"的年龄不谋而合。

西方心理学家认为，培养孩子性别意识的黄金时期在6岁之前。6岁之前，孩子就应该懂得男女有别，男孩子要由男性长辈带入男厕、男浴室，女孩子则由女性长辈带入女厕、女浴室。在穿衣、打扮、说话、行为等方面，家长也要对孩子加以引导，不要做出"给儿子穿裙子""给女儿剃光头"等容易让孩子产生自我性别意识混淆的行为。

第二，不要回避孩子关于"性别"与"性"的问题。

当孩子明确提出关于"性别"和"性"的相关问题，如"我是怎么生出来的？""为什么爸爸站着尿尿？""为什么妈妈不能带我去男厕所？"时，家长一定不要训斥孩子，也不要用不耐烦的情绪对待孩子，更不要用"你长大就明白了""你是捡来的"等回答来敷衍孩子。

孩子的情绪是非常敏感的，当他们感受到父母对这类问题的排斥时，就会对这类问题心生疑惑，继而产生好奇心，觉得"性"的问题是充满刺激的。

第三，家长要加深孩子的性别平等观念。

虽然现在已经是 21 世纪了，但仍然有不少重男轻女的情况存在。这些长辈有的会把性别歧视宣之于口，有的会默默歧视孩子的性别。可宣之于口也好，默默歧视也罢，孩子若在这样的环境下成长，就会产生一定的自卑心理。经研究表明，因为性别而受到溺爱或排挤的孩子，更容易产生性别认知模糊的现象，对成长造成不利影响。

其实，对于一部分性别意识缺失的孩子来说，他们对生理问题一知半解的主要原因是在成长过程中，没有亲密角色对他们进行引导与指点。有些男性长辈缺失的家庭，会忽略男孩成长中遇到的性别安全教育问题。同样，有些缺少女性长辈的家庭，也会忽略女孩在成长过程中迫切需要的性别安全教育引导。在孩子的成长过程中，男孩子尽量由父亲解决他们关于性别与性的问题的疑惑，女孩子尽量由母亲来解决她们关于性别与性的问题的不解。

在满足孩子好奇心的同时，家长也一定要注意教育孩子，让他们学会尊重自己，尊重他人，教他们正确保护自己不受欺侮。在家长的谆谆教诲下，相信孩子们会度过一个平安美好的童年。

第四节
朋友还是妈妈？家长不要逼迫孩子做选择

情景再现

"你是张星星的家长吗？麻烦你以后让张星星离我们家苑苑远一点，你自己家孩子学习差，别影响我们家苑苑的成绩！"家长会结束后，苑苑妈拦住星星妈不满地吐槽道。星星妈很生气，当即表示张星星永远不会再跟苑苑一起玩，因为"高攀不起"。

回到家后，苑苑妈得意地向孩子和孩子爸展示了自己的"战果"，谁知苑苑哇的一声哭了起来，孩子爸也埋怨她做得太过火，让她现在就打电话向星星家长道歉。苑苑妈当然不可能道歉，她细数了星星的缺点，希望苑苑能感恩自己及时将他拉回正轨。谁知，苑苑大声喊道："妈妈，我讨厌你！我再也不想看到你了！"说完，苑苑便夺门而出。

苑苑妈很不解，自己明明是帮了孩子一把，让孩子远离负面影响，怎么到头来却惹得所有人都不满意？

看完例子，我们都能明白这样一点：苑苑妈让星星远离孩子的初衷是好的，因为在她看来，星星不是一个良好的交往对象，会对苑苑的学习造成负面影响。可是，为什么孩子和老公会不理解她的行为呢？答案很简单，因为她自作主张，逼孩子在"朋友"和"妈妈"之间选择了后者。

在苑苑妈看来，自己的行为应该被孩子理解，即便孩子现在不理解，将来有一天也会明白她的良苦用心。可苑苑妈不知道的是，自己的行为正在把孩子越推越远。

与成年人不同，孩子不会等到长大后再回头看过去的选择，他们只会考虑眼前的问题。退一万步讲，就算他们长大后依然记得这件事，也只会记得当时这件事对自己的伤害，而很少考虑家长做出这类行为的原因。

很多家长抱怨，孩子小时候明明很贴心，很懂事，可上学（尤其是青春期）之后，他们便毅然决然地"倒戈"，在"家长"和"朋友"之间选择后者。其实，这件事再正常不过了。孩子小时候是跟家长一起度过的，他们依赖家长，崇拜家长，所以愿意听从家长的安排。可青春期后，孩子遇到了很多与自己"志趣相投"的同龄人，同龄人会带给他们比父母更多的影响。此时，如果家长逼迫孩子放弃朋友，投靠家长，那就等于把孩子推到朋友那边。

其实，家长担心孩子结交坏朋友也是难免的。因为孩子上学后，家长便无法 24 小时监督孩子的一举一动，失去对孩子的掌控后，家长自然会生出不少担心。在担心的驱使下，大部分家长会生出一种掌控欲，这种掌控欲会促使他们生出将孩子牢牢抓在身边的念头。而这种念头恰恰会让孩子喘不过气，让他们更义无反顾地逃到朋友身边"换换空气"。

青春期时，孩子会发觉自己的思想独立了很多，自己的力量也增长了很多。欣喜之余，他们开始挑战父母的权威，用一系列叛逆行为来证明自己的存在。这时候，家长给孩子制定的交友准则便成为孩子证明自己的一套"反规则"。

为了表达自己敢于反抗的精神，孩子会完全按照与准则相反的规则来交朋友。比如，爸妈禁止孩子跟学习差的人玩耍，那他们偏要跟学习差的孩子交朋友；再比如，爸妈禁止他们跟穿奇装异服的人走太近，那他们偏要跟他们走得近，甚至自己都要穿上奇装异服，来向父母表明心迹。

瞧，父母煞费苦心地想把孩子固定在所谓的正轨上，可他们却偏偏想逃跑。

有些父母纳闷："为什么我的孩子会跟这样的人交朋友？"其实原因很简单，归根结底，就是因为孩子在成长过程中某些亲密角色缺位。简单来说，因为家长缺少某一类品质，所以孩子会从朋友身上将这种品质找补回来。比如，某个孩子的家庭成员都是严肃刻板的，那他就会有意识地选择快乐有趣的人做朋友。再比如，某些被父母三令五申要乖巧听话的孩子，会刻意选择随性自由的人做朋友。

情景再现

娟娟父母离异，从记事起，娟娟就一直跟妈妈生活。可是娟娟妈性格内向怯懦，即便娟娟受到欺负，她也不会站出来为女儿讨回公道，反而一直说"吃亏是福"。对妈妈十分不满的娟娟既伤心，又难过。

六年级时，娟娟跟一个小太妹成了好朋友。小太妹虽然成绩不好，经常打架，但她对娟娟很好，还经常为娟娟打抱不平。可是，娟娟妈知道女儿跟小太妹是好朋友后，立刻叫女儿跟小太妹断绝关系。娟娟不同意，她便生气地说道："今天你只能在妈妈和那个小太妹之间选一个，你要是敢继续跟她当朋友，我们就断绝母女关系！"

让娟娟妈没想到的是，一向懂事的娟娟竟毫不犹豫地选择了朋友，甚至抓起书包夺门而出，无论自己如何喊女儿回来，娟娟都没有回头。

娟娟的成长过程中，缺少一位自信乐观的亲密角色对她进行性格引导。六年级时，她自己寻找了一位能弥补这一亲密角色的朋友，可妈妈却阻挠她与朋友的交往，这让她非常伤心。最后，娟娟毅然决然地选择了朋友，即便这个代价是"断绝母女关系"。

在"家长"和"朋友"之间进行沉重的二选一，结果只会让孩子拼命逃离。所以，家长一定要注意，不要因为自己的掌控欲而将孩子越推越远。而那些已经逼迫孩子二选一的家长，更要积极修复与孩子之间的裂痕。

那么，家长应该如何修复这道裂痕呢？

第一，家长需要找一个合适的时间，向孩子真诚道歉，同时心平气和地询问孩子："你那个朋友的优点是什么，缺点是什么？"

娟娟是一个品学兼优的好孩子，妈妈反对娟娟与小太妹交朋友的原因，无非是怕小太妹拉着娟娟吃喝玩乐，给娟娟造成负面影响。妈妈的担心不无道理，可她擅作主张的行为却会引发孩子的反感。所以，最好的办法，就是先接受孩子的朋友，并让孩子对自己的朋友有一个全面的认知。

第二，通过提问的方式，帮助孩子打开思路，让孩子自己判断什么样的朋友可以交，什么样的朋友不能交。

家长可以通过提问题打开孩子思路，帮助孩子构建科学的择友观。比如，家长以自己的经历为例，更能拉近自己与孩子之间的距离，也更能引发孩子思考。在以后的交往过程中，他们会充分考量对方是否是自己真正的朋友，也会识别对方是不是正在坑自己。

《诗经》有言："哀哀父母，生我劬劳。"父母对孩子的爱比山更高，比海更深，千万不要让这么深沉的爱，变成压迫孩子的噩梦。

第五节
放弃学习，很可能是因为学习让他痛苦

情景再现

妍妍的父母最近特别焦虑，因为妍妍自从升入高二之后，就产生了强烈的厌学情绪。为这事，他们两口子没少操心，但是也不知道到底应该怎么办。说得轻了孩子不听，说得重了又怕孩子心里不舒服，再引发更大的问题。

就这样，时间一天天过去，高考的日子也越来越近，妍妍的父母急得团团转。要命的是，有一天妍妍直接说她不想上学了，想出去打工。这话把妍妍爸爸气坏了，一直憋在心里的怒火也一下子爆发了出来，狠狠地把妍妍骂了一顿，说："父母这么辛辛苦苦地工作挣钱让你上学，不就是为了你能有个好出路吗？你却说出这样的话来！"

可父母的声泪俱下对妍妍好像没有一点用处，第二天老师就打来电话说妍妍在教室睡了一整天的觉，让父母领着去看看是不是身体出什么问题了。

厌学、弃学也是青春期孩子叛逆的主要表现之一。

很多孩子进入青春期后好像突然间就会和学习为敌，甚至那些以前是学霸的孩子，也会突然觉得学习没意思了。对此，家长们焦急万分，每每谈及此处，都是泪眼婆娑的样子。因为他们怎么都想不明白自己的孩子到底怎么了，甚至一些对孩子特别重视的家长还会因此产生严重的负罪感和焦虑症状。

这样的问题看起来确实很棘手，特别是在青春期这个节点，父母因为顾虑重重，更加不知所措。

实际上，家长要解决这个问题并不难，关键是你要弄明白为什么。

情景再现

有个孩子的母亲问我："我的孩子整天都躺在床上玩手机，我该怎么帮助他？"

我问这位母亲："你看到孩子这样是什么心情？"

她说："我生气啊。他抑郁症应该多去活动，整天躺在床上干什么？"

我问："那你看到他这样，做了什么呢？"

她说："我说他，让他下楼转转，他不听，还和我吵架。"

站在局外人的立场上，父母可以想想：为什么这个孩子不听他妈妈的话呢？

第一，妈妈不知道他为什么会这样做；第二，妈妈没有找到适合这个孩子的方式帮助孩子做出改变。

也就是说，妈妈根本不了解孩子，也因此不能用合适的方法引导孩子，只是在凭借自己的感受和直觉行事。这样的教育能起到作用那才奇怪呢。

然而，很多家长却都是这么做的。不去分析原因，也不去了解孩子的情况，他们只是对着既成事实焦虑烦恼，然后采取不正确的方法，当孩子无动于衷时则进一步烦恼焦虑。

一切问题的解决，都需要建立在了解的基础上。了解了就意味着掌握了主动权，也才能对症下药。一般来讲，孩子不想学习、弃学的原因，很大程度上就是学习让他感受到了痛苦。而具体是什么导致的痛苦，还需要进一步分析。

比如：有的孩子之前学习很好，进入青春期后，接触了一些新的事物，思想上发生了改变，觉得学习没有用，因此每天枯燥的学习生活就会让他无比痛苦；也有一些孩子是本身缺乏学习的思维，尽管一直很努力，但成绩一直不好，对他造成了很大打击；还有的孩子在之前的学校竞争小，往往轻轻松松就能拿个好名次，到了新的学校之后，优秀的人变多了，而自己又不想努力，导致成绩下滑，产生心理落差，从而失去学习的动力。

也就是说，导致孩子感觉学习痛苦的因素是多方面的，与孩子的性格、周围的环境等都有关系，不能一概而论。

因此，父母首先要去了解孩子的情况。比如，回想孩子之前和现在的不同，寻找蛛丝马迹，向老师、同学等求助。当然最方便且准确的方式就是直接问孩子，但要注意态度和语气。原因明确之后，再采取相应的措施。例如：孩子觉得学习没意思，就通过案例、实践活动等让孩子重新认识学习；孩子有心理落差，就引导孩子明白努力的重要性。

不过，这些措施只能治标不治本。只有从本质入手，才能从根本上解决孩子厌学弃学的问题。那些令孩子感到学习痛苦的原因看似杂乱，但其实核心是一样的，那就是孩子在学习上缺乏内在动机。

所谓内在动机，就是指人们因为事情本身的价值而做出某种行为，而不是为了外在的奖励和回报。就学习而言，如果孩子的学习目的是指向学习活动本身的，那么学习活动本身就已经能使他得到情绪上的满足。这时孩子便能够获得成功感，并不完全需要依靠名次或荣誉来获得。由此看来，对学习感到痛苦的孩子，他们的问题在于不热爱学习，对学习不感兴趣。他们所谓的喜欢学习是建立在父母的奖励、老师的称赞、同学们羡慕的目光等这些外在的因素之上的，而非学习本身，一旦这些消失了，他们对学习的兴趣也就很快不复存在。

几年前，有一篇关于北大学生"空心病"的文章流传甚广，其中有一段话是这样的：

情景再现

北大一年级的新生，包括本科生和研究生，有30.4%的学生厌恶学习，或者认为学习没有意义；还有40.4%的学生认为人生没有意义，只是按照别人的逻辑这样活下去而已，其中极端的人想要放弃自己。

这种所谓的"空心病"，从心理学角度来看就是内在动机的缺失。孩子只知道他要学习，要取得好的成绩，却不知道为什么去学。他可能觉得学习是为了父母，为了老师，为了将来能找到一个还不错的工作，这种学习目的所带来的体验是非常糟糕的。有一部分孩子，在考入大学后突然失去了目标，开始浑浑噩噩；有一部分孩子在参加了工作后，突然觉得活着没什么意思，变得抑郁。因为他们过去制订的人生目标已经实现了，他们不知道自己接下来应该做什么，他们对自己产生了怀疑。

也就是说，当一个孩子带着好奇和热爱而选择做自己喜欢的事情时，他才会产生足够的动力，并且这种动力是非常稳定和持久的，不会因为外部条件的改变而轻易减弱或消失。因为他知道所做的一切努力都是为了自己的追求与理想，更是为了获得独立选择人生的自由与能力。因此，想要让孩子自觉学习，热爱学习，就要最大限度地唤醒他的内在动力。

第一，父母不要给孩子过度施加压力。

情景再现

王阳的妈妈年轻时没有考上好的大学，心里对名校非常向往，就把希望寄托在了孩子身上。妈妈对名校的执着转化成了日常的唠叨，让王阳时常感到透不过气来，对学习也越来越厌倦。他跟妈妈提了好多次，但妈妈总是不当回事，最后导致王阳患上了抑郁症，只能休学去治疗。

一位青少年心理问题咨询专家说，很多来咨询孩子弃学、逃学问题的家长，都有一个共同点，那就是望子成龙。这些家长往往觉得自己的人生有缺憾，希望通过孩子来获得满足。他们非常重视孩子的学习，有的恨不得为了照顾孩子而搬家、换工作，让孩子全身心地投入到学习中。

因为期望过高，所以更容易情绪过激。一旦孩子出现和父母预期不同的行为，父母马上就会变得焦躁，开始唠叨、生气、埋怨，就像王阳的妈妈一样。这样做不仅无法实现期待的目标，反而压垮了孩子。父母要放平心态，不要抱有过高期望。要知道，孩子有自己的人生，你的那些缺憾不应该让孩子去弥补。

第二，换个方式引导孩子喜欢上学习。

如果你想让孩子好好学习，比起一遍遍强调自己因没有好好学习而后悔，不如现在坐下来捧起一本书去读；如果你想提高孩子的写作水平，比起让他死记硬背好词好句，不如带他到大自然的怀抱感受四季；如果你想让孩子学好英语，比起监督他一天读多少单词，不如带他多看看英文电影……

从孩子的兴趣爱好入手，让他体会到学习的快乐，才能让他越来越喜欢学习。要知道，孩子对生活、对学习的热爱，不是被说教出来的，而是启发出来的，自己有意愿才行。

第三，尽可能地激发孩子的内在动机。

情景再现

2021年，在即将高考的日子里，高三一位学霸用了一整晚的时间，观察、拍摄"超级月亮"，并将这个过程详细地记录在了一条条朋友圈里。

和《小欢喜》里的乔英子一样，他也是个天文迷。他不仅会观察特殊天象，就算平时也经常会仰望天空。而他的父母和乔英子的妈妈却完全不同，他们从未因为孩子喜欢拍星星、看月亮而有半分焦虑，即使是在快要高考的时候。

那天，他们不停地转发孩子的朋友圈，并配文：跟着儿子，追逐星辰大海。

尽管我们一直在强调内在动机的重要性，但是外部激励也同样重要。如果没有外部激励，内在动机也会逐渐减弱甚至扭曲或消失。而对于孩子来说，父母的尊重、引导、鼓励、支持就是最好的外部激励，可以让他们更加坚定自我的选择，更加充满信心和斗志。

现在很多家长都把学习想得太过局限，认为分数、名次就是一切，其实，最重要的并不是各科的成绩，而是孩子的学习能力。如果孩子的学习能力较强，即使成绩不够好，未来他也会在某一个领域发光发彩。所以，请尊重孩子在学习上表现出来的倾向性。喜欢看天空和星星不是不务正业，喜欢研究小昆虫也是一种学习，每一个领域都有其存在的价值。

青春期孩子出现厌学情绪是一种常见现象，父母们不必如临大敌，更不要指责孩子；相反这是一个信号，预示着家长要给予孩子更多的关心和理解。

第六节
解决学习问题，从培养孩子抗挫能力开始

辉辉的爸爸发现，自从升入高中后，辉辉的数学成绩下降了很多，以前总是能得满分的他，现在常常在及格线附近徘徊。

周末在家的时候，辉辉爸爸决定好好和辉辉聊一聊这个问题。对于爸爸的疑惑，辉辉给出了简洁明了的回答："高中数学太难了，跟初中完全不同。"

爸爸说："我也知道难，但是你看看你的试卷，后面好多题根本就没看，没有思考，有的直接交的白卷，这不单单是题难的原因了吧？"

辉辉叹了口气说："我是真的觉得难，以前做数学题，做一道对一道，觉得很有意思，可现在做一道错一道，越做越没信心。"

生活中，有很多孩子会和辉辉一样，这看似是孩子的适应能力弱，但深究起来其实是抗挫能力弱。

抗挫能力是个体在遭遇挫折情境时，能否经得起打击和压力，有无摆脱和排解困境而使自己避免心理与行为失常的一种耐受能力。简单地说就是个体适应挫折和应对挫折的一种能力。一般来说，抗挫能力强的人，往往受挫反应小，受挫时间短，受挫后的消极情绪持续时间短，而抗挫能力弱的人则相反。

抗挫能力弱的孩子，很容易产生畏难情绪。畏难情绪，就是潜意识层发出的一种暗号，它告诉你，你面前的这件事情你没有能力完成，你面前的障碍你无法跨越，你能做的只有放弃。但事实上，孩子或许有充足的能力去完成那件

事情，克服所有的困难，可他自己却一直在给自己设置障碍。

要命的是，这种情绪会随着产生的次数增多而越发强烈，进而产生更深刻的影响。就是说，孩子越是害怕挫折，越是不敢挑战，就越是畏惧挫折。像例子中辉辉就是这种情况。辉辉的抗挫能力较弱，当环境改变时就很难应对新的变化，受挫后的情绪也会越来越消极，最后就演变为一旦遇到困难，马上就败下阵来。

抗挫能力弱还会导致注意力不集中、专注力不够、无法深度思考、胆小怯场等各种问题。

情景再现

从儿子坐到书桌前的那一刻起，到现在已经过去两个多小时了。我悄悄地走过去看了一眼，他正玩得起劲儿。

"儿子，你作业写完了吗？"我忍不住出了声。

"没——有——"儿子拖着长音说道，声音里透露着消极。

我走过去问："还有多少？"

"这个、这个，还有这个、这个。"儿子一个一个给我指了出来。

"还有这么多，为什么不写呢？"

"因为不会。"儿子又说出了他一贯的理由。

"你认真思考了吗就说不会？"儿子的话让我有些生气。

谁知，他并不理睬，还在自顾自地摆弄手上的小东西。

其实，儿子的这种毛病并不是一次两次了，每次写作业，一遇到难题，他立马就会放弃，开始东张西望，一会儿摸摸桌子，一会儿玩玩橡皮，直到磨蹭到我喊他上床睡觉。

不只在学习上，平常做一件事情甚至是玩的时候，他也这样。

有一次，儿子和几个同学在一块儿玩"两人三足"的游戏，别的小朋友玩得都非常起劲，儿子却只跑了一圈就不玩了。我问他为什么，他说绳子勒得脚疼，而且两个人一直配合不好，这个游戏太难了，他不想玩了。

我听了很生气但又不知道说些什么，只能在心里埋怨："儿子怎么能这么轻易就放弃呢！"

可以说，不管是在学习上还是在生活中，抗挫能力对孩子的影响都是非常大的。事实上，抗挫能力之所以如此重要，是因为它很大程度上决定了孩子可以付出的努力程度，而很多事情必须依靠持续的努力才能获得成功。

就拿学习来说，抗挫能力弱的孩子，一旦遇到困难就会产生退缩的念头，然后很快就会放弃。因此即使他有能力克服这个困难，潜意识里也不会去想办法，去思考，只会放任不管，或者完全依靠外力解决，自己不去付出努力。

那么，该怎么帮助孩子摆脱畏难情绪，锻炼抗挫能力呢？

第一，多让孩子跳出舒适圈，进行挑战。

从日常的生活中我们就可以获得这样的经验：当人总处于一种稳定的状态，长期从事一件平淡的事情时，就会被局限在舒适圈内，并逐渐产生懈怠的心理，变得不思进取，其抗挫能力也会越来越弱，一点小事就得消化很久。即使他心存理想，也没有付诸实践的勇气。所以萧伯纳说，人生有两出悲剧，一是万念俱灰，一是踌躇满志。

因此，父母可以从这一方面入手，在日常生活中经常地、适当地让孩子接受一些"挑战"。当然这些挑战并不囿于学习方面，富有趣味性的挑战更有效果，比如，和孩子一起挑战蹲马步的极限，1分钟能记多少个单词，挑战玩魔方的最短时间等。

很多事情重复得多了就会成为习惯，而习惯又会催生相应的意识。当我们总是尝试去问孩子还有什么其他可能，要不要挑战一下某个目标的时候，孩子的这种想要挑战其他可能性的潜意识就会逐渐得到培养。这不仅能开拓孩子的思维，也能锻炼孩子的勇气。

此外，挑战时要让孩子充分感受过程，不要在意结果。

不管是玩还是学习，重要的都不是结果，孩子只有享受过程，才能真的喜欢上一件事情。然而现实中很多父母，却很少陪孩子一起学习、一起探索、一起解决难题，有的甚至直接把孩子扔到课外班中，只知道追问成绩，验收成果。这种忽略孩子内心诉求，忽视他们情绪情感的做法只会让孩子感到孤独无助，激起他们的反抗情绪。

不太在意结果，会让孩子感受到挑战过程中的乐趣，更容易专注在事件本身，结果反而更容易达成。

第二，引导孩子把自己当作挑战的对象，不要拿孩子与别人比较。

不管是个人还是团体、企业，在比赛、竞争中，我们都习惯性地以他人为对手。这种竞争心态还会不断延伸。因此就算是在平常的生活中，我们也会很自然地和别人比较，相较于比自己优越的人会产生自卑感，相较于不如自己的人则产生优越感。父母对我们的要求也常常是随着"别人"而不断改变，因此每个孩子都有一个不怎么认识但又无比熟悉的劲敌——别人家的孩子。

但这样的竞争，对于孩子来说，是很容易产生负面影响的。把孩子的优势与他人的弱势相比，容易让孩子自大；将孩子的劣势与他人的优势相比，容易让孩子自卑。和他人竞争，同他人论输赢，这是正常的。但如果过分强调就会催生不正确的竞争心态，会让孩子觉得比不过别人就一无是处，自己输给了别人就是一个彻底的失败者。比如，很多孩子就会因为身边的人的优秀而不断贬低自己，进而忽略自己的优势，丧失进步的动力。

有位北京大学的优秀毕业生曾说，自己在初中的时候，就因为太爱跟身边人比较，一度抑郁，每天睡不着觉，成绩一度下滑，好在后来慢慢调整了过来，才有了如今的成绩。

所以，父母不要总是将孩子同别人比较，而要引导孩子与过去的自己相比。

这样做的好处是，孩子会把注意力聚焦在提升自己上。这样，孩子会从自我认识和自我意愿出发不断努力，而不是完全以别人为模板，轻易被他人的评价左右，不会进行独立思考。当发现自己的进步时，发现自己比以前的自己更好时，他会充满信心和动力，相信自己能做到更好，取得更大的进步。

第三，注意夸奖的方式，正确地鼓励孩子。

你相信夸奖孩子的方式，可以改变他的思维方式吗？

美国斯坦福大学心理学专业的卡罗尔·德韦克教授曾做过一项研究，结果表明：长期被夸"你真聪明"的孩子，在面对挑战任务时大部分会选择拒绝；而被夸奖"你真努力"的孩子，不仅勇于接受挑战任务，还能越挫越勇。这正是因为夸奖方式影响了孩子的思维方式。

被夸奖"你真努力"的孩子更可能形成成长型思维，具有这种思维的人会相信通过努力可以改变智商和能力，认为困难和失败是帮助自己进步的挑战，也因此会不断进取，不惧挑战。具有成长型思维的孩子更容易获得成功，这是因为，聪明是天赋，而努力是个人的付出，天赋往往是不可更改的，努力却能让人获得更多可能性。

"孩子你很努力""孩子你做得很好，相信你还可以更棒""努力超越自己一点就好"……既是对孩子辛勤和努力的肯定，也是对他情感情绪的温柔呵护。这样的夸奖，会给予孩子力量，改变孩子的思维方式，提升孩子的成长高度。

其实，很多孩子成绩不好，学习方面问题多，并不是因为智商或者专注力不够，根本原因是抗挫能力太弱阻碍了他们的努力付出。所以，解决孩子学习问题，父母不妨从锻炼他的抗挫能力入手。

第七节
崇尚暴力：看看孩子是否缺乏安全感

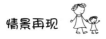
情景再现

几年前一个关于青少年成长的综艺节目中出现了这样一幕：

女孩小冉坐在沙发上，边哭边和爸爸叫嚷着，吵到激动处，突然站起身来猛地向爸爸身上踹了一脚。妈妈过来劝架，小冉却更加疯狂起来，她起身站在沙发上，把周围的东西都一件件摔了出去，歇斯底里地辱骂父母。

这个外表看起来非常文静的女孩，为什么会有这么暴力的一面呢？

情景再现

在一期节目中，小冉对妈妈的质问给出了答案："你离婚又结婚问过我的感受吗？你和新爸爸又生了孩子,问过我的感受吗？你们一家三口,我算什么？你关心过我吗？我就是要闹，我不安宁，你们也别想好过！"

原来，小冉的妈妈几年前和她的爸爸离了婚，小冉跟妈妈生活，妈妈很快再婚，又生了一个小妹妹。本来经历过父母离婚的小冉心里就非常难过，妈妈再婚后，她又和继父相处不来，好不容易关系缓和，结果他们又迎来了自己的孩子，把精力都放在了新生儿的身上。这在一般的家庭中无可厚非，但在这样的重组家庭中，妈妈和继父的做法就让本就敏感的小冉觉得自己就是一个外人。

为了引起妈妈的注意，让父母多关心关心自己，正值青春期的小冉就选择了这样激烈的方式。

从现实的情况来看，很多孩子在进入青春期后，都会或多或少地显现出暴力的一面，这也是叛逆的一种主要表现。而这些孩子崇尚暴力的原因，很大程度上就是像小冉一样，缺乏安全感。

"安全感"字面意思是安全的感觉，是一种渴望稳定、安全的心理需求，是个人内在的精神需求，主要表现为确定感和可控感。

缺乏安全感的人，常常患得患失，考虑问题悲观，容易产生被抛弃的感觉，内心极度渴望爱，却又总是用不恰当的方式破坏亲密关系。

例子中小冉的暴力行为就是典型的安全感缺失的表现。她从小就生活在一个不温暖并逐渐破裂的家庭中，父母的针锋相对使她变得敏感、患得患失。跟随妈妈进入新的家庭后，陌生的环境、不熟悉的新爸爸都在一定程度上敲打着她脆弱的心。直到妹妹的到来，将她内心对爱的渴望和恐惧彻底地激发了出来。于是就出现了上面的情景。

她脆弱而又无所依靠的内心，使得她选择了这种激烈的方式来引起父母的注意，表达自己的不满，她的这种行为看似是暴力的示威，其实是脆弱的求助：我很难受，我不知道该怎么办了，快点帮帮我吧！

从心理学的角度来看，一个人只有无计可施、无所依靠时，才会将自己最糟糕、最失控的一面展现出来。所以，如果你的孩子也存在暴力的情况，不妨先看一看他是否缺乏安全感。

一般来讲，缺乏安全感的人往往会有以下几个特征：

第一，情感上极度饥渴，想得到大量的爱与关心。因此可能会在亲近的人面前故意做出一些夸张的举动，比如，故意制造矛盾、摔东西、故意犯错等。

第二，不容易和他人建立起信任。但一旦建立起来，就会100%地投入情感。不能很好地经营亲密关系，好友的数量不会太多。

第三，性格多变。不过始终摆脱不了敏感的心理，情绪容易波动、容易意气用事，习惯用逃避的方式来缓解负面情绪。

第四，倾向于稳定、明亮、不被打扰的空间。比如，睡觉必须抱东西，经常选择角落里的位置，必须开灯睡觉等。

如果你的孩子存在上述情况，那就表明他的确很缺乏安全感，而这就是导致他崇尚暴力的主要原因。这种情况下，父母的任务就是帮助孩子建立起足够的安全感。

第一，父母要保证给予孩子"和谐的爱"。

对于一个孩子来说，家庭和父母永远都是他自身安全感的基础和主要来源，只有家庭和睦，感受到被父母深深地爱着，他的内心才能更加勇敢和平静。就像小冉，她之所以脾气暴躁，喜欢砸东西、打人，就是源于缺少家庭温暖和父母的爱。

所以，我们要尽可能地给予孩子完整的家庭以及没有太多附加条件的爱，这需要注意的有两点：其一，夫妻双方要避免破坏性的吵架，当有不同意见时，可以争论，但不能进行人身攻击，要以解决问题为目的，不能纯粹地发泄情绪；其二，父母要给孩子恰当的、无条件的爱，不管他表现得好与否，有没有达到你们的期望，都要告诉他，爸爸妈妈永远爱他。

不过，在父母和家庭两者中，父母才是关键。现实中不乏这样的例子，一些父母，尽管夫妻关系不断恶化，却仍旧不愿意离婚，而理由就是为了孩子，要给孩子一个完整的家。

实际上完全没有这种必要，国外有一项关于父母不和、离婚和子女幸福感三者之间关系的研究，结果显示：父母不和的程度越高，孩子的幸福感越低，当达到一定程度后，离婚反而会增强儿童的主观幸福感，且远高于完整但充满冲突家庭的儿童。

这项研究的目的意在告诉父母，如果夫妻关系实在维持不下去，不如干脆放手，不要再互相折磨，这对夫妻双方和孩子来说都是一种解脱。

所谓"和谐的爱"并不一定非要完整的家庭才能给予孩子，只要父母双方给予孩子的爱是真实而和谐的，即使不生活在一起，孩子也会感到幸福，从而获得安全感。

第二，让孩子感受到你的积极回应。

现实中有很多父母会抱怨孩子越长大越和自己不亲近，什么都不愿意和自己说，其实这很大程度上是父母造成的。他们心中的沉默和不想说，除了自我意识觉醒之外，其实更多是因为：曾经说了，但是被反驳、被惩罚或者被忽视。这些被迫沉默的孩子是极度缺乏安全感的。他们表面上或许看起来非常平静，但内心更加汹涌了，也会因此产生更多问题。

所以，在孩子跟你聊天时，跟你倾诉时，不管是好事还是坏事，一定先要给予积极的回应，让他感受到父母在告诉他："嗯，我们懂你的感受，我们理解你。"然后进行下一步的教育。

即使孩子已经进入叛逆期，有了暴力行为，父母也要好好听听孩子的话，给予积极的回应。就像开头例子中的小冉一样，面对她的质问，妈妈应该先好好地道个歉："孩子对不起，妈妈没有做好你的妈妈，忽略了你的感受，给你带来了很多伤害。"然后告诉她，"其实妈妈真的很爱你，但有时候也不知道该怎么去做，你能原谅我吗？我以后一定会学着成为一个合格的妈妈。"

孩子大多是凭借感受来认识这个世界的，他们和父母相处的感受，正是他们认识世界的重要纽带。换言之，孩子眼中的世界，是由父母一手建造的，孩子对世界的态度和感受，源于父母如何对待自己。当他从父母那里感受到被爱、被呵护时，他会觉得自己是有价值的，是能够被这个世界所接纳、所爱护的，也会因此获得非常强的安全感。反过来，他也会接纳和深爱这个世界。

第三，与孩子进行适当的肢体接触。

有人说，如果你不知道怎么培养孩子的安全感，那就在他小的时候搂着他睡觉。这其实就是在强调身体接触对安全感建立的重要性。

当然，随着孩子年龄的逐渐长大，父母和孩子之间，尤其是异性亲子之间，需要保持肢体距离，但这并不意味着要彻底避免肢体接触，最起码同性亲子之间，仍需要保持肢体上的亲密互动。比如，父母可以搓搓孩子的手、摸摸孩子的头，在和孩子交流时看着他的眼睛。

其实对于妈妈而言，不论孩子是 5 岁还是 15 岁，是男生还是女生，妈妈都可以和孩子保持亲密的肢体接触。例如，多拥抱孩子，让孩子保持柔软的内心。而爸爸更多的是要和孩子成为朋友，和妻子分担养育孩子的责任。

安全感是人最基本的需要。青春期的孩子们更加需要强烈的安全感，如此才能获得真正的幸福。有了安全感，孩子就能在成长的道路上保持平和快乐的心态。

第八节
畸形消费：孩子在用钱获得安全感

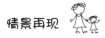

情景再现

因为一双鞋，阿彬和妈妈再次闹翻了脸。

事情的起因是阿彬向妈妈提出，要买新款的某名牌运动鞋，那双鞋的价格是1000多元，是妈妈1/3的月工资了。为啥非要买呢？因为阿彬看到了同班的好几个同学都已经换上了最新款的名牌运动鞋，而自己脚上还穿着老款，这令他感到难堪，好像低人一等似的，最近几次和他们一起玩都感觉抬不起头来了。

所以，今天回到家，阿彬就对妈妈提出要买鞋子的要求。妈妈则表示不同意，并且把阿彬以前的鞋子拿出来给他看，试图说服他："你有鞋子穿，并且这些鞋子都还很新。"

阿彬看到妈妈摆出的鞋子，心里闪出的不是愧疚或者理解，而是不屑。因为妈妈根本不明白，新款意味着什么，而穿着老款会遭遇多少嘲笑。她关心的只有他考了第几名，有没有早恋。

阿彬不再说什么，只用沉默来回应母亲的不解和伤心。

阿彬沉默的时候在想什么呢？或许在想，自己与同学相比，已经算是很简朴了，他的很多同学不仅比鞋子，还会比手机链，比眼镜等，什么都是名牌，什么都是最新款。他只想通过一双最新款的鞋子来让自己融入这个环境，而妈妈却什么都不明白。

虚荣心作祟，就会滋生炫耀和攀比。

所谓攀比，就是刻意将自己的智力、能力、生活条件等与他人进行比较，并希望超越别人的一种心理状态。攀比并不一定是坏事，适度的攀比类似于良性竞争，可以让人们产生目标，产生动力。比如比较学习，比较个人能力等。但很多人往往无法把握攀比的程度和方向，常常将攀比的领域聚焦在物质上。

而之所以会攀比，产生虚荣心，是因为自尊需求强烈，内心却又很空虚。为什么会空虚呢？因为找不到真正能够满足自尊心的事物，只以追求表面的光鲜亮丽为目标，以让他人艳羡自己的物质生活水平为目的。

这一时期的孩子正处在自我意识觉醒的时期，总在想 "我是谁"，总想证明自己的存在感与优越感，想让父母、周围人、全世界都知道他是一个独立的、独特的人。有时候自信心爆棚，认为这世界上只有自己最厉害，周围没一个懂自己、配得上自己的人。有时又陷入自卑，觉得自己什么都做不好，什么都比不上别人。在这样极端的情绪中来回摇摆，令他们心烦意乱，无所适从。

这时候他需要一个能让他确立自尊自信的事物，于是他就会在周围寻找例子和榜样。他发现在他周围，那些身着名牌的同学似乎能够格外受人重视，获得更多的关注和存在感，那些人本身似乎也更加自信和充满魅力。那不正是自己寻找的状态吗？原来依靠名牌就可以达到这样的效果啊！那好，那我也要名牌，有了名牌，我也能获得如此的待遇，能够获得内心的满足感。

由此我们知道，孩子之所以追求名牌，其深层次原因，依旧是在寻找自身的价值感。只不过，在他们处于青春期这个摸索的过程中，走向了寻找错误价值感的道路。

那么作为父母，我们应该如何去引导并让孩子摆脱这种虚幻的价值感呢？

第一，不要一味否定，试着去探求孩子的内心需求。

我们需要倾听孩子内心的真实需求和感受，并表达出自己的真实感受。

无论我们想实施什么措施，达成什么方案，前提都需要顺畅平和的沟通，而沟通的前提就是倾听，并表达自己的真实感受。这做起来并不容易，需要慢慢练习。这里再次强调真诚这个原则，要真诚地表示出希望了解对方，并且要真诚地表达自己的感受，不要假装，不要刻意，认真地感受孩子的情感，你会发现孩子眼睛里会闪出信任的光芒。

第二，寻找原因，帮助孩子找到自信。

虚荣和攀比的背后其实是自卑。孩子的不自信可能与父母的教育有关。比如父母的关系不佳、常常争吵，比如父母对孩子过于苛刻严厉，批评多于鼓励等。这些都有可能让孩子觉得自己不够好，逐渐导致孩子的自尊感和价值感都较低。

已经发生的事情我们当然无法改变，但是我们不能放弃纠正错误的机会。对于未来，我们依旧可以做些什么。"种一棵树最好的时间是 10 年前，其次是现在。"只要有了自省和纠错的意识，只要认知开始转变，那就是我们在给自己和孩子重新开始的机会。

如果你能真诚地与孩子沟通，在了解孩子内心真实的想法后，就能帮助孩子找到不自信的根源。如果孩子的不自信源于家庭、源于父母、源于你自己，那么请即刻开始做出改变。同时，认真思考孩子身上的优势和优点，带孩子发掘他的潜能，将孩子关注的重点转向自身，让他从自己的优势和擅长的领域获得成就感，渐渐找回属于自己的自信。

第三，鼓励孩子积极竞争，超越自我。

与人攀比，常常是因为我们对自己和他人的认知出了偏差。比如，总是拿自己的短处与别人的长处比，往往难以客观全面地认识自己。

孩子们因为攀比过度，将攀比的内容扯到"面子""身份"上，错误地将一些外在的物质看作代表自身价值的重要方面甚至全部。我们前面已经提到，适度的、积极的对比和竞争是有益处的，关键是我们需要将这种对比和竞争的方向转向积极领域。

第九节
面对畸形消费，给孩子解释钱是怎么来的

情景再现

晋惠帝是西晋的第二位皇帝，是中国历史上典型的昏庸无能的皇帝。他从小就不爱读书，整天只知道吃喝玩乐，不务正业。《晋书·惠帝纪》中记载了关于晋惠帝的这样一个故事：

有一年国家闹灾荒，田里颗粒无收，老百姓没有东西吃，为了活命只能吃草根，吃观音土，还有很多的百姓被活活地饿死了。大臣将饥荒情况上报给了晋惠帝，希望皇帝能够做出决策，皇帝却很傻很天真地问了一句："百姓无粟米充饥，何不食肉糜（老百姓没有粮食吃，为什么不吃肉粥呢）？"

大臣听了，真是哭笑不得，晋惠帝也由此被史官记录为一位不知人间疾苦的"智障"皇帝，被嘲笑了千年。

晋惠帝为何会问出这样荒诞的话来呢？

一个含着金汤匙出生的皇子，从小荣华富贵、锦衣玉食。他听到、看到、接收到的信息全都是如此，他根本没有为吃穿发过愁，也从未感受过通过自己的劳动和付出换来收获的真实体验。所以他对天下饥荒，百姓食不果腹、流离失所是根本不可能有概念的，更不可能感同身受。在他看来，没有粮食吃，换肉吃就好了嘛；出门没有鞋穿，那坐车就好了嘛……大臣跟他说百姓的痛苦，超出了他的认知范畴。

反观我们现在的生活，这就像是有些被娇生惯养的孩子，父母对孩子说：

"爸爸妈妈挣钱不容易，你要珍惜。"孩子可能会说："那就别上班了，别干活了呗。"你可能会伤心，甚至指责他的不懂事，可是你要知道，他可能真的是那样天真地认为的。他看到的、享受到的都是优渥的生活，一直顺风顺水，你怎么能强求他明白你的付出和辛苦呢？

那位大臣听到皇帝的回答，没有做再多的解释，而父母面对孩子这样的态度，又能说什么呢？这不是语言能够解决的问题。

别人有，我也要有，不是名牌我不要；家里有了类似的，还要再买；充值玩游戏没有节制……这可能是很多孩子在消费方面呈现出来的问题。这些表面问题背后其实隐藏的是孩子的消费观念的扭曲。

为什么会扭曲？究其原因，是孩子责任感的缺失。对家庭缺乏责任感，也没有认识到自己应当承担的责任。

第一，受到了家庭养育环境的影响。

现在很多家庭都呈现出这种现象：4 个，甚至 6 个大人围绕一个孩子，把孩子当作生活的中心和重心，孩子不用操心生活中的一切事，一群人在为他的饮食起居负责。

造成的结果往往是，孩子容易认为一切都是理所应当的，好吃的应该给我吃，我什么都不用做，吃的、喝的、穿的、用的都会自动摆到我的面前。孩子没有经过用自己的劳动或努力来换取报酬和待遇的历练，所以对周围的一切自然不会珍惜。这不是孩子不懂事，这是必然的结果，就像是"何不食肉糜"的晋惠帝。

第二，家庭消费观、金钱观教育的缺失。

父母疼爱孩子，天经地义，无可厚非，但是程度一旦把握不好，就有可能变成娇惯和溺爱。而在娇惯和溺爱下长大的孩子必然无法建立健康的消费观和金钱观。比如，对金钱没有概念，花钱不考虑，不珍惜他人劳动成果等。

想让孩子学会珍惜，知道一粥一饭当思来之不易，知道什么是必要的，什么只是为了满足虚荣心，那就需要让他养成勤俭节约的习惯。有的家长说，我们也教他节约，告诉他要学会珍惜了啊！

怎么教的呢？教孩子背《悯农》？忆苦思甜？还是让他捡起桌上的米粒？

说教是最没有用的教育方式。虽然家长的提点是有必要的，但是我们也不能指望一首诗、一句话就能让一个孩子变成勤俭节约、懂得感恩的人。

那应该怎么办呢？答案是，需要让孩子有真切的感受。

情景再现

曾经有一个电视节目里报道过这样一个案例。一位上高中的男孩，极其叛逆和傲慢，在家中感觉自己就是王，父母说什么，他都感觉不耐烦，觉得父母啥也不懂。后来他的母亲求助一位专业人士，来对孩子进行心理疏导。专家经过观察和与每位家庭成员的交谈，发现了孩子内心的真实想法和需求，于是找到了让他做出改变的办法。

孩子不是习惯了衣来伸手饭来张口，而且觉得父母都不如他吗？这位专家便带着他来到了爸爸每天工作的田地里。在那里，这个孩子一下子失去了嚣张的气焰，笨拙地学着爸爸的样子，犁地、撒种、平整土地。当他努力控制却依然只能犁出歪歪扭扭的垄沟时，他终于不再是那个骄傲自大、咄咄逼人的人，他低下了头，并开始虚心向父亲请教。一场劳动下来，孩子累得满头大汗，手上起泡，却没有再发脾气。相信他的心中早已有所领悟。

回到孩子消费观、金钱观上面来，这给我们一些启示，那就是让孩子多参加实践活动，劳动出真知，劳动人民的智慧是无穷的。当我们带孩子去体验实际生活（可以是做一点小买卖，可以是参与父母的工作，或者是参加志愿者活动、学校的实践活动等），他们自然就从中懂得了"粒粒皆辛苦"。通过劳动得来的报酬，自然也就不会轻易挥霍。

第七章

教会青春期孩子自我管理

第一节
青春期孩子的自我管理，离不开自信

情景再现

彬彬的妈妈在看了一些教育青春期孩子的书籍后，觉得自己以前管得确实太多了，导致彬彬有了很多问题，于是决定放手，给彬彬更多的个人空间。

然而，事情的发展并不如彬彬妈妈所期待的那样顺利。

她本以为自己不再那么严格地约束彬彬，他就会慢慢独立勇敢起来，可以自己安排自己的事务，可谁知，彬彬不仅经常把事情弄得一团糟，还总是做出错误的选择，新的问题更多了。

一时间，彬彬妈妈也不知道到底是哪里出错了，明明自己是按照书上的建议去做的，也没有盲目照搬，为什么效果却一塌糊涂呢？

对于青春期孩子比较严重的叛逆，我们会普遍认为这是父母没有及时调整教育方式，过度干预孩子的生活和学习导致的。所以，很多相关的书籍、文章给出的建议都是"放手"。

父母对孩子逐渐放手是必要的。青春期的孩子，会要求更多自主权、话语权，更希望自己有像成人一样的表现，也希望爸爸妈妈能将自己当成一个大人，而不再是什么都不懂的孩子。当父母给孩子更大的自由度，适当放宽对他们的限制时，孩子会感受到父母充分的尊重，也享有了一定的自主权，渐渐地就会更懂得自己对自己负责，自觉约束自己的行为。

相信很多已经决定对孩子放手的父母，所期望的结果也是这样的，然而现实却往往不尽如人意。父母们会发现这样做了之后，孩子非但不能形成自我约束的意识，还会出现各种新问题，于是就会怀疑这种放手的方式到底是不是正确的。

其实放手并没有错，错的是父母没有认真了解孩子的情况，就盲目放任不管。说到底，孩子要进行自我管理，也是需要他本身有一定的能力或品性做支撑的。

倘若父母从孩子很小的时候就开始适当放手让孩子自主行事，那么孩子就会慢慢地锻炼出一系列相关的能力，到了青春期之后，在较强的自我意识和认知水平的作用下，他自然而然就更能管好自己，安排好自己的事务。

但倘若父母一直对孩子溺爱或控制得非常严格，到了青春期后又突然放手，孩子各种相关的能力、品质都是缺乏的，又怎么能管理好自己呢？就像例子中的彬彬，他其实已经习惯了在父母的安排下行事，因此一旦脱离了父母的掌控，生活就会变得十分混乱。

然而现实生活中，很少有父母从一开始就有逐渐放手的意识，大多都是在孩子进入青春期出现一些问题后才开始试着放手或者被迫不去管控。那么，这种情况下，孩子是不是就无法实现自我管理了呢？

并不是。的确，人身上很多的能力和品质都是需要从小培养的，但这并不意味着到了青春期就为时已晚，并且，很多能力和品质都有先天的基础，只要父母们多用心，青春期照样能培养好。而发展这些品质的前提，或者说在孩子自我管理中起到重要作用的，就是孩子的自信。换句话说，孩子只有自己有信心，觉得自己能够管理好自己，他才能真的实现自我管理。

心理学上有一个概念叫作"学习能力的自我感知"，指的就是人对自己在某件事情上能否学好、做好的感觉。研究表明，只有孩子相信自己能做好时，他才更有可能做好，并且形成良性循环，好上加好，越来越好。

有一位一直以来都特别独立、擅长自我管理的朋友分享了他自己的经历，他是这么说的：

自我记事起，我在家里面就可以自由表达自己的意见，可以向父母提出任何诉求，甚至有一次我直接选择了不去上学。当然实践证明，我在家玩了两天之后，意识到学校更加好玩，于是又主动去上学了。

小学的时候，在爸爸给我买了一辆玩具车后，我对车子的兴趣就变得一发不可收，父母没有直接反对，只是问我："如果你玩物丧志，学习成绩下降了怎么办？"我信誓旦旦地说不会的，但结果证实我错了。可父母也没有责怪我，这让我更加愧疚，觉得自己必须把成绩再搞上来。

初中的时候，在我的央求下，父母给我买了一台电脑，并且附带了几款游戏，这次我依然表示不会耽误学习，事实也证明我做到了。

上了高中，学习变得忙碌起来，我开始了住校生活，每周回家一次。从那时起，父母更加不怎么管我了，我自己给自己买教辅书、字帖，闲的时候还会练练钢琴，日子过得纯粹而简单。

可以说，从小到大我的父母都没有十分严格地管控过我，我也一直很自由快乐。或许你们会说，这还不是因为你学习成绩好，对自己有规划。这么说，当然有道理，但更确切地说，是父母促成了我对自己的规划，促进了我变得更好，同时我也让他们更放心。我和父母之间的默契和信任，使得我们的关系始终处于一种良性循环的状态——他们信任我，觉得我能管好自己，我就要承担自己的责任，把自己的事情做好。因为我能把事情做好，所以父母更加信任我，敢于放手让我去做。

这位朋友的经历，就表明了自信心的重要性。那些从小就被父母放手教养的孩子，之所以能够发展得更好，就是因为在长时间的实践过程中他们积累了越来越多的信心，觉得自己有足够的能力为自己负责，这种感觉促使他们更好地管理自己，也因此成长得越来越好。

从上面的例子中，我们可以将孩子自信的来源大致分为 3 个部分。

第一，是被信任的感觉。

被信任，尤其是被父母信任，是孩子自信的关键。因为父母的信任不仅包含鼓励、允许的意味，更重要的是给了孩子坚实的依靠，让孩子能够放开手去做，因为他知道，即使他做得不够好，父母也不会责怪他。不过，盲目自信是不可取的，所以父母也要把握好事情的尺度，不要给予孩子过度的赞美和支持。

第二，是对自身价值的认知。

这一部分其实也受到第一部分的影响，当父母非常信任孩子时，孩子可能会高估自身价值。但最重要的还是孩子的自身经历，他做成了什么事情，他在哪方面有特长，这种成功的经历如果很多，孩子的自信心就会更强。

第三，是对事情的把控程度。

把控程度，即熟悉度。当我们面对一个全新的事物时，即使它不复杂，也会感到一些慌乱，这是因为我们对它不熟悉，生怕一不小心就出了错。相反，如果足够熟悉，再复杂的事也有信心将它做好。

了解了这 3 个来源，父母就可以采取相对应的方式去帮助孩子建立自信。

当孩子向你提出他想做的事情，或者对某事提问时，不要忙着否认或拒绝。比如，一位妈妈下班回家，因为工作的问题心情很差，孩子察觉到后过来安慰，结果妈妈直接说"我没事，你去忙你的吧"，这种做法就是在间接否认孩子的认知和判断，会严重影响孩子的自信。

此外，父母还可以根据孩子的年龄和兴趣给他们安排一些任务，比如：五六岁的孩子可以让他整理自己的衣服、玩具；八九岁的孩子可以让他去买东西；进入青春期的孩子，可以让他们掌勺做饭，自己设计自己的房间；等等。其实生活中很多事情都能带来成就感，这些成功经验的积累会让孩子更加自信。

孩子遇到的任何一个问题，父母都不要直接给孩子答案，而是要引导孩子自己发现答案。

父母们往往害怕孩子走错路或者走弯路，在孩子不明所以或者可能选择错误的情况下，总是忍不住想要指明方向或给出答案，这样的做法其实也在一定程度上阻碍了孩子自信的建立。

自信并不是全然依靠成功获得的，成功之前的挫折也同样重要，经历了这些才能让孩子更加自信。如果父母直接告诉孩子答案，选择是正确了，可是那种经历种种困难，不断思索，最后才获得成功的喜悦，孩子是无法体验到的，而这才是培养自信的关键。

尽可能地带孩子了解和体验更多的事物，只有体验得越多，自信的来源才会更加广泛。但也要注意，那些让孩子花费过多精力的项目不宜安排得太多，这样会导致精力分散，最终一无所成。

其实，每个孩子都有自控力和主动性这"两颗种子"，关键是用什么样的方式让这两颗种子健康地、和谐平衡地生长。让孩子建立起自信，这"两颗种子"才能生根发芽，进而变得越来越好。

第二节
学会当自己人生的负责人

情景再现

电视剧《欢乐颂》中的樊胜美工作体面，能力出众，却一度生活得很悲惨，这很大程度上就是拜她的哥哥所赐。

樊胜英没有正经工作，整天好吃懒做，不思进取，自己结婚、买房子、生孩子的钱全都是通过母亲从妹妹的手中获取的。对此，他不仅不心怀感激，还认为理所当然。

后来，游手好闲的他又染上了赌博，欠下了数不清的债务，被逼债的过程中，又把人打伤。面对自己闯出来的祸，这个已近中年的男人没有丝毫担当，只会逃跑、躲避、求助和威胁父母。

而养出了这么个败家子的老母亲，一听到儿子的呼救，就迫不及待地逼迫女儿来收拾这烂摊子。她对女儿说得最多的就是："那是你亲哥啊，你不能见死不救啊，你哥你妈都没地方住，你还住这么漂亮的房子……"

樊胜美的哥哥就是典型的不能自己对自己负责，无法做好自己人生的主人，只能依靠他人的力量才能生活下去的人。但是仔细想想，他成为这样能全怪他自己吗？其实，在这场悲剧中，他的父母才是罪魁祸首。

教育学家尼尔森说，一个人形成啃老的性格，很大程度上是因为在童年时期，接受了来自父母的太多的溺爱。其根源在于，父母的过度负责剥夺了他们为自己的命运负责的权利。他们没有在合适的年纪获得应该具备的品质，锻炼出应有的能力，因而在将来也无法对自己负责。就像樊胜美的哥哥，从小父母的过度宠爱让他衣来伸手、饭来张口，也从此失去了积累生活经验和培养生存能力的机会，直到长大成人也不能很好地照顾自己，一旦遇到点挫折困难，就会立马放弃，回家找父母寻求慰藉。

所以，要让孩子自己成为自己人生的负责人，那么就要让他锻炼出所需要的能力，获得应有的经验。这些可以从以下几方面入手来引导孩子。

第一，规律生活。

早上 8 点起床，然后品茶；

早上 8 点 30 分读书，《圣经》或哲学；

上午 9 点外出散步半小时，回来校对曲子或回信；

上午 10 点到中午 12 点，作曲；

中午 12 点到下午 1 点，享用午餐；

下午 1 点到 3 点，外出散步或做其他运动；

下午 3 点到 5 点，喝茶，读报纸或看历史杂志；

下午 5 点到晚上 7 点，第二次作曲；

晚上 7 点到 8 点，放空、放松、反思时间；

晚上 8 点到深夜 12 点，晚餐、社交或阅读。

深夜 12 点以后，睡觉。

这项简单的事项列表是 19 世纪著名的音乐家柴可夫斯基的每日生活规划。和大多数人想象的不同，伟大的音乐家的生活并不是忙到焦头烂额，反而是极为规律的。换个角度来看，或许正是因为这样规律的生活才造就了这位音乐大师。

在固定的时间段起床、吃饭、睡觉、活动，把一天安排得井然有序，这就意味着同样的时间能做更多的事情，并且能兼顾工作学习与身体健康。

规律生活的本质其实就是让孩子尽可能早地自己去做更多的事情，一旦这样的生活成为习惯，很多事情都能变成自发行为。一方面，自发行为是不占大脑内存的，能够有效减轻大脑的工作负担；另一方面，这也能很好地激发和培养自控能力，锻炼自我管理能力，增强人的规律意识，对身体健康也有好处。

至于如何做到规律生活，事实上，从孩子很小的时候开始，家长就可以让他将每天的必要事项固定下来，然后逐步增加新的内容。这就是最好的方式。

不少教育学、心理学专家都曾表示，从 2 岁开始，孩子会对生活中的习惯和规律表示在意，并急切想遵守、学习，这种现象被称作"仪式信奉"。也就是说，一般情况下孩子在 2 岁以后，就可以适当进行生活习惯方面的规律性训练了，比如睡觉、吃饭、整理玩具等。

如果在孩子年龄足够大的情况下，规律性就要从细微之处开始训练，比如物归原位、每天背 5 个英文单词。但要注意，培养孩子的规律性习惯需要一个一个来，一个习惯形成后再增加其他内容。

另外，在正式教导孩子之前，父母最好能以身作则，在孩子面前多展现规律、有序的一面。比如：早睡早起；规定玩手机、电脑的时间；吃完饭后认真收拾碗筷；在书本上贴上标记，把它们按顺序摆放好……

第二，学会应对挫折。

人们常说，挫折是一把双刃剑，它可能将人压垮，但也可能让人获得极大的成长。这是因为挫折有两种类型，一种带给人的是负面作用，而另一种则会成为人生的财富。

情景再现

晶晶的父母一直以来都信奉"挫折教育"能锻炼孩子的心理素质，能让孩子今后更好地在社会上立足。于是，他们总是以各种形式敲打晶晶，让晶晶明白现实是多么残酷，竞争是多么激烈。

有一次，她拿着考了99分的卷子回家，想要跟父母分享她的快乐时，父亲看都没看一眼，不屑地说："99分你就以为很高了，能考满分的人多得是，别人考100分都没说什么，你有什么值得炫耀的？"

类似这样的情况还有很多，每次当晶晶有了高兴的事情，她的父母就会说这样的话。然而，在这样的"挫折教育"下，晶晶不但没有得到成长，反而变得越发敏感自卑。

事实上，很多父母都明白挫折的重要性，却曲解了"挫折教育"的真正含义。1975年美国心理学家赛里格曼曾做过一系列关于"人与挫折"的实验，结果表明，人的身上也存在"习得性无助"。他认为只有被成功应对了的挫折，才能帮助人成长，而那些更偏向于带给人们精神和心理上折磨的挫折很难被成功应对，因此只会令人恐惧和害怕，感到自己无能为力，进而因太痛苦而习惯性放弃。

能够让孩子受益的挫折从来都不是以打压、嘲讽、贬低为主的刻意使绊子，而是在孩子成长、努力的过程中自然而然遇到的困难、波折、危机，如果孩子能够渡过这些难关，他的内心将更加强大。

而父母要做的就是给予孩子理解和支持，适当地给出一些建议，帮助他们顺利渡过难关，这本质上就是在训练孩子应对挫折的能力。这样孩子将来长大后，即使没有父母在身边，他们也会有足够的信心去应对挫折，调节好自己的情绪。

第三，学会规划自己的人生。

要想成为对人生负责的人，就必须对自己想要做什么有一个明确的认知，对自己的人生有一个大概的规划。老话说，人无远虑必有近忧，只有方向明确，才能避免做无用功，摆脱迷茫。

这就要求父母能允许孩子去寻找自己真正喜欢的事物，尊重他们的喜好，不要局限于世俗意义上的优秀和成功。事实上，只有孩子找到自己所热爱的，才更有可能获得常人难以企及的成就。

　　想要让孩子学着当自己人生的负责人，就要引导他们具备相应的认知和能力，而不是只在嘴上教育和强调。在孩子未成年之前，尤其是在青春期，正是他很多能力、习惯、品性培养和定型的关键时刻，只有把握好这些，孩子才能更好地为自己的人生负责。

第三节
告诉孩子：改变不了环境时，尝试着改变心境

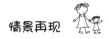

有这样一则寓言故事：

从前有一个少年，他10岁的时候母亲因病去世，而父亲的工作需要长期在外，从此之后，他就开始学习自己洗衣做饭照顾自己。然而，他刚适应自己独自生活，父亲又在一次意外中去世了。他没了亲人，也没有了生活来源，为了活下去，只好出去找工作养活自己。

就在生活稍微有了一点好转的时候，他又因为一次工程事故失去了左腿。但是在这一连串的意外与不幸中，他并没有抱怨愤恨，而是更加坚强地去面对，渐渐地他学会了使用拐杖，也依靠自己的能力积攒了一些财富。

最后，他算了算所有的积蓄，正好足够开个养殖场，但老天爷似乎真的存心与他过不去，一场突如其来的大水，将他最后的希望夺走了。他终于忍无可忍了，气愤地来到神殿前责问上帝。上帝听了他的遭遇后故意问道："你的确很凄惨，那么，你为什么要活下去呢？"

他听到上帝这么说，非常气愤但又无比坚定地说道："我不会死的，我经历了这么多不幸的事，已经没有什么能让我感到害怕，总有一天我会靠我自己的力量，创造出自己的幸福。"

这时，上帝指着一个人对少年说："他生前比你幸运得多，但最后一次的

遭遇和你一样，在那场洪水里，他失去了所有的财富。不同的是，他之后便绝望地选择了自杀，而你却坚强地活了下来。"

生活中我们感到无能为力的时候有很多，对于普通人而言，很多环境、处境我们是无法轻易改变的，但是我们可以决定自己怎么去想。

就像例子中的那个少年，他的经历是那样悲惨，但他依然保持着乐观坚强的心态，最后他失去了所有的财富吗？没有，他的心态就是最好的财富。

托尔斯泰曾说："世界上只有两种人，一种是观望者，一种是行动者。大多数人都想改变这个世界，但没人想改变自己。"

其实，一个人生活在这个世界上，犹如沧海一粟，在面对无法改变的环境时，最应该做的就是改变自己的心态，换个角度思考问题。当你这样去做时，可能就会发现环境也在慢慢地变化，或者你逐渐具备了改变环境的能力。

古希腊哲学家柏拉图对弟子说他能移山，弟子们就纷纷去请教方法。结果柏拉图却笑着说："很简单，山若不过来，我就过去。"弟子们不禁哑然。

这个故事听起来很荒谬，反映的却是大智慧。同样一件事情，当人转换了心境，就能发现以往发现不了的东西，进而从中获得新的思路，打破当下的困境。

著名心理学家马斯洛就曾强调过心态的重要性："心态若改变，态度跟着改变；态度改变，习惯跟着改变；习惯改变，性格跟着改变；性格改变，人生就跟着改变。所以改变心态最终改变的是自己的人生。"

作为父母，我们不仅自己要懂得这个道理，更要让孩子懂得，并且能够实行。

当然针对于此，我们可以借助一些方法或者工具。

第一，让孩子学会把负面的评价当作缺点来对待，而不是否定自己。

"你怎么这么笨？""你怎么经常迟到？""你有没有脑子？"……生活

中这样的评价常常会出现在我们的周围，就算是父母也会这样说自己的孩子。这样的言辞放在孩子身上，他们往往会彻底否定自己，觉得自己非常糟糕。

所以父母要做的首先就是尽量避免这样评价孩子，当孩子做错了事情，你想指责他时，尽量去描述事件，不要人身攻击，把笼统的词语量化。比如，他上完厕所忘了关灯，不要批评他说："你怎么老是这么没记性！"而要说："这已经是你今天第二次上厕所没有关灯了，希望你能改掉这个坏毛病。"

第二，引导孩子将听到的这些评价提炼为个人的缺点或者单次的行为表现。

这个比较好理解，比如，"你怎么这么笨？"其实等于"我这次有点太慌乱了，做得不够好"，"你怎么这么没记性？老是忘关灯"就等于"我有个不随手关灯的坏习惯"……这样做的好处就是，让孩子脱离否定自我的陷阱，不会过于沉溺于负面情绪，同时对自己的缺点有更明确的认识，能更好地调整心态去一点点改正过来。

教孩子掌握"刺激—环境分离法"，给自己设置一个缓冲时间。

我们通常会以为是外界的刺激直接影响了我们的心情，但事实上，在环境和我们的情绪之间，还有一个环节，而这个环节才是影响我们情绪的关键，那就是我们对外在事件的判断和想法。这也是为什么同一件事情、相似的情景，不同的人会有不同的感受和态度。

情景再现

面对一场比赛，小张想的是这场比赛是我能力的证明，如果赢不了就说明我太差劲了，那么他很大程度上会非常紧张、忧虑，一旦输了比赛就会一蹶不振；而小李想的是这次比赛是对我这一阶段学习的检验，赢了说明我最近的状态和使用的学习方法比较好，输了说明我还需要改进，那么他就会以轻松的心态去面对，对待比赛结果也会更加乐观。

也就是说，你的想法才是情绪的真正诱因。很多容易产生负面情绪的人，就是因为对外界事件的判断不够客观。而我们的想法是可以控制的，当然这可能会很困难，但并不是做不到。人类能超越其他动物的一个关键，就在于我们可以将自己的思考当作思考对象，这在心理学上叫作"元认知"能力。通俗点说，就是我们能够反思：我刚才的想法对吗？我还有什么没有考虑到的呢？

日常生活中，由于受到经验、习惯的约束，我们很少会主动运用这个能力，但这个能力是非常宝贵的。我们要达到控制想法的目的，就要充分调动元认知能力，即捕捉到瞬间的想法，然后有意识地去反思和质疑。

情景再现

小青是班里的生活委员，有一次班主任安排了一项事务给她，开班会的时候，她需要向班主任汇报情况。汇报完毕，班主任却说她没有认真对待，小青非常委屈，也很生气，她明明很认真地去做了，而且结果自己也很满意，却得到了这样的评价。

回到家里，小青气鼓鼓地将这件事情告诉了妈妈，妈妈安慰了她一番，然后让她做了两件事情：一是确定是什么样的想法让自己生气的；二是质疑，老师说的就一定是事实吗？

小青按照这样的思路想了想，负面情绪很快就减轻了。是老师对自己的否定让自己感到生气的，但自己真的努力去做了，老师的评价只是按照她的标准给出的，会受到很多不确定因素的影响，因此没必要生气。

当我们厘清自己的思路，更客观地去看待事情时，心态也就更容易调整了。

第三，影响圈聚焦——把注意力放在自己能改变的环节。

"影响圈"的概念是伟大的思想家史蒂芬·柯伟提出的，他说，每个人都有自己格外关注的问题，比如健康、学习、人际关系等，这些可以称为"关注圈"。这个圈里有些是我们可以掌控的，有些则超出了个人能力范围，前者就是"影响圈"。

当我们将精力放在整个关注圈内，就意味着我们把自己放在了被动的位置，很大程度上都要受制于外界条件。而当我们把精力聚焦在影响圈里，专心做自己力所能及的事情，那么就不会成为环境的奴隶。

生活中，可能有很多时候孩子都会感到无能为力，这种情况下，请告诉孩子试着改变自己的想法，尝试一些新的选择，甚至可以放弃一些事物。这样或许更能迎来转机。

第四节
引导孩子树立目标，让孩子更好地进行自我管理

周末的早上，宁宁妈妈做完早饭发现宁宁还在睡懒觉，顿时心里气不打一处来，虽说周末是放松时间，但现在已经快初三了，马上到了升高中的关键时期，就算是放松也不能这样懒散啊，况且这个周末老师还布置了不少作业。

这样想着，宁宁妈妈就更生气了，马上进卧室把宁宁揪了起来。好不容易把早饭吃完了，宁宁却又一转身躺在沙发上玩起了手机。

"你们老师布置的作业你打算什么时候做啊？"妈妈忍不住提醒她。

"随便，过会儿再做吧，反正还有两天。"宁宁心不在焉地说道。

听到宁宁这样回答，宁宁妈妈真想狠狠地把她教育一顿，但又考虑到孩子此时阶段特殊，只好作罢，一时间也不知道该怎么处理。

孩子没有学习目标，没有学习动力，对自己的事情没有规划，做事情拖拖拉拉，缺乏主动性，这是很多家长都在担忧的问题。

就像例子中的宁宁，明明有很多事情要完成，但她就是不主动去做，能拖到什么时候就拖到什么时候，到最后实在拖不下去了，再想办法弥补或者破罐子破摔，既浪费时间又浪费精力，事情还办得一团糟。

这就是典型的不能进行自我管理，而宁宁的主要问题是缺乏目标意识，不懂得给自己设定目标。也就是说，有效的自我管理，离不开目标的设定。

那么，家长该怎样帮孩子树立目标呢？如何让孩子主动树立目标、主动有

效地进行自我管理呢？如何让孩子拥有负责任的行为，过上充实而有意义的生活呢？

在谈方法之前，我们先要弄清楚孩子缺少目标意识的原因，通常主要有以下几点。

第一，家庭环境的影响。

这种影响共有 3 种情况：一是父母溺爱，孩子一直在娇生惯养、养尊处优的环境中成长；二是父母太强势，对孩子过度干预；三是父母太懒散，对生活缺少规划。

目标意识更多时候是被引导和培养起来的，环境的影响、父母的引导非常重要，如果孩子长期生活在上述环境中，就很容易得过且过。

第二，孩子不知道自己有什么长处，没有理想。

事实上，目标和理想的关系是十分密切的，目标可以看作理想的现实化。如果孩子知道自己未来最想成为什么，那么他的目标自然就会照此进行设定，长期目标、阶段目标、短期目标、周目标，这些目标就是理想落到实处的体现。也就是说当孩子理想确定了，目标设定也会更简单稳定。

而理想通常与兴趣爱好有关，与孩子所擅长的方面有关。如果孩子不了解自己的特长或者觉得自己没有特长，那么他就会感觉自己一无是处，对自己失去期待，也就不会树立理想和目标。

由此，我们可以找到一些可行的方法来帮助孩子树立目标，增强目标意识。

首先，和孩子认真地谈一谈他的想法。这是孩子进入青春期后，每个父母都应该做的一件事情。

教养方式和家庭环境带给孩子的影响，到青春期已经是根深蒂固的存在了，想要彻底消除是不现实的，父母除了改变自己之外，能做的也只有和孩子好好谈谈心，告诉他，他应该为自己而活。

父母要询问孩子，他的理想是什么，他将来想要成为什么样的人，达到什么样的成就，过什么样的生活……告诉孩子他现在所做的一切都是在为他将来的生活做打算，并不是为了任何其他人，所以该怎么去做，必须自己做到心中有数。这个过程中，父母还可以帮助孩子一起分析他的优势和劣势，对什么感兴趣，适合什么样的职业，这可以帮助对自己认识不足的孩子更好地确定自己想要的是什么。

其次，引导孩子发现自己的兴趣，从达成单一目标到实现全面自我管理。

情景再现

小杨一直以来都觉得自己没什么兴趣爱好，学习上也没有什么擅长的科目，不知道自己将来要做什么。有一次，小杨在爸爸的带领下，看了《航拍中国》的纪录片，被祖国的大好河山深深震撼，也对地理萌生了兴趣。

之后的一个月，小杨就决定将地理成绩提上来，为此他还主动给自己设定了一个目标。很快小杨的第一个目标达到了，他又紧接着给自己设定了第二个、第三个……渐渐地，小杨对地理的兴趣越来越浓厚，也决定将来要从事与地理相关的职业。

小杨觉得设定目标并完成目标让他收获很多，生活也变得充实起来，于是就将这种模式用在了更多场景中。

其实理想和目标虽然有关系，但并没有特定的先后之分，我们在设定和完成目标的过程中或许也可以确立自己的理想。但是不管怎样，都缺少不了兴趣的诱发。很多父母会以为兴趣是天生的，其实不然，兴趣更多的是源于后天的开发，所以父母一定要引导孩子去发现和培养自己的兴趣，即使到了青春期也不晚。

如果孩子本身就有理想，有自己的兴趣所在，那么父母应当尽可能地给予支持和尊重，然后帮助他将目标细化。所谓理想就是一个遥不可及的大目标，看似神圣但其实很空洞，只有将它拆解开来，落实到每一个小目标，孩子才能通过完成一个个小目标实现自己的理想。

关于目标的拆解，要注意以下两点。

第一，选择一个不容易达到的阶段性目标。

目标应该是可以实现的，但是需要付出一些努力。这样，你的孩子就可以去应对新的挑战，而不仅仅是做让他感到舒适的事情。

和你的孩子一起设定一个可实现但需要付出一定努力的目标吧！

第二，将阶段性目标再分为日常事务和额外任务。

我们的目标必须与日常生活联系在一起，尤其是对于青春期的孩子来说，有什么样的目标也不能把学习丢下。

借助偶像的力量，帮助孩子树立目标意识。

追星在青春期的孩子身上是很常见的，尤其在网络发达的今天，孩子能够接触到的各行各业的名人数不胜数。所以父母们也可以从这方面入手，引导孩子增强目标意识。

很多父母或许会对孩子追星持有消极态度，觉得追星就会耽误学习。实际上，大多数孩子并没有那么疯狂，并且偶像也并不是只有明星，各行各业的优秀者都能成为孩子的偶像。

家长正确的态度应该是，不排斥孩子追星，但要告诉他什么才是真正的追星。真正的追星，是学习偶像的内在品质，是愿意去为了那个让自己热泪盈眶、满眼美好的人而变得更加优秀、更加努力。

可能的条件下，父母可以和孩子一起追星。如果父母能试着去了解孩子的偶像，孩子一定是欣喜的，这也能促进亲子关系的进一步融洽。亲子关系好了，很多问题也就迎刃而解。

和孩子一块儿追星，关键还在于父母可以把偶像的正向影响力放大，让孩子看到明星华丽外表下的勤奋、执着。用"爱豆"的种种行为培养孩子分辨是非的能力，让孩子有正确的人生追求和价值取向，同时在这个过程中还可以和孩子有更多话题，也可以在发现孩子有一些疯狂行为时及时制止，一举两得。

　　家长可以利用偶像引导孩子树立目标意识，具体来看，可以分为3个步骤：让孩子先发现别人的优点，发现自己的不足；发掘不同领域中的优秀者，这些优秀者可以是明星，也可以是孩子生活中的、身边的、同班的人；持续关注孩子的偶像，不断帮孩子强化偶像的力量。

第五节
自我管理，最重要的是细节管理

情景再现

五一假期，周扬计划留出两天时间和父母一起去周边旅旅游，于是作业就要在第一天完成。

假期的第一天，周扬给自己安排得非常充实且有条理，哪个时间段做什么，大概多长时间，如果按照这个进度，用不了一天，所有的事情就都能做完。大概在脑子里回放了一遍自己的安排后，周扬就信心满满地开始执行了。

然而，事情的发展却并不如他预料的那般。就在他苦思冥想一道数学题时，突然手机嗡地振动了一下，本就感觉烦躁想放松一下的他，立刻鬼使神差般地拿起了手机，心里还安慰自己："我就看一下，耽误不了什么事情的，看看谁来的消息，万一很重要呢。"

手机一打开，是一条短视频的推送，封面很是吸引人，周扬控制不住地点了进去。视频里讲了一件让周扬很感兴趣的事情，但因为时间关系，讲得不是很详细。在好奇心的驱使下，周扬又自己去搜了完整事件，然后津津有味地看了起来，完全忘记了自己本来要做什么。等他回过神来，已经到了午饭时间。

就这样，半天的时间过去了，周扬连计划的1/3都没有完成。到下午，上午的计划失败让周扬有了破罐子破摔的心态，也没有认真进行下去。

晚上躺在床上，周扬想着白天的事情心里非常后悔，就因为玩了一下手机，出去玩的计划眼看着就要泡汤了。

中国道家创始人老子有句名言："天下难事必作于易，天下大事必作于细。"这句话强调了小事、细节的重要性。例子中的周扬，他有自我管理的意识，也有目标感，还制订了详细的计划，但最终还是没有达到预期效果，原因就是他没有做好细节管理。

"玩一下手机"看似是一件很小的事情，却成了整个计划能否顺利进行下去的关键。很多时候就是这种我们容易忽略的小事，导致了糟糕的结果，但这并不是不可避免的。就拿例子中的周扬来说，最简单的方法就是将他自己和手机隔离开。

自我管理离不开细节管理。那么，我们应该怎样帮助孩子提升洞察和管理细节的能力呢？

第一，帮助孩子扭转观念，看到小事的作用。

很多不注重细节的人，在日常生活中也往往对一些小事或者注重细节的行为抱有偏见，比如，会觉得别人对细节的要求是没事找事。当孩子秉持着这样的观念时，他永远学不会细节管理。所以，如果你的孩子有这种观念，首要的就是帮他扭转过来。

父母可以从身边的小事开始，对孩子提一些要求，比如节约用水、用电，随手关灯、关窗，用的东西要物归原位等。这样，慢慢地孩子也会把小事当成"事"，自然地开始注意细节。

此外，父母还可以带孩子对以往做得不够好的、不成功的事情进行复盘，让他认识到细节的重要性。

第二，让事情条理化，便于厘清细节。

情景再现

童童的期中考试成绩不理想，尤其是数学，简直惨不忍睹，童童心里很着急，想着赶紧把数学成绩提上来，但又不知道该从哪里入手，因为她薄弱的地方太多了。

童童的爸爸知道后，就将自己在工作中的一些心得告诉了童童，他说："有时候我们面对一件相对复杂的事情的时候，脑子往往是一团乱麻，不知道该怎么去做，就像你现在这样，但你越是这么去想，就越会觉得它复杂，其实你只要把它分成几个步骤就会很简单了。就拿你现在来说，你可以先解决卷子上的问题，然后根据这些问题找到对应的知识点，再找到相关联的基础知识，把这些知识琢磨透，反复练习就可以了。这样是不是就清晰多了？"

童童若有所思地点了点头。

美国管理学者蓝斯登曾说："我赞赏彻底、有条理的工作方式。一旦在某些事情上投入了心血，带着明确的目的去做事，就可以减少重复，这样就能够大大提高工作效率。"

事情一旦有了条理性，一切的细节之处也就显而易见。

第三，随时将有价值的细节添加到"细节清单"。

其实生活中，我们经历的种种以及身边的事物，很多都有着独特的价值，如果我们能够留心观察，也将会有很人的收获。

比如：看到公园里盛开的鲜花突然心头萌生出一种别样的感觉，把这种感觉记录下来，很可能就会成为作文的重要素材；公交车上，别人聊天时说到了一本书，听着很不错，记录下来自己也读一读，说不准就会受益良多；看视频时突然刷到一条增强记忆的学习方法，记下来自己实践一番，可能会有意想不到的效果。

这些事情往往是瞬时的，如果我们不去刻意记录下来，很容易就会忘记，所以父母们要引导孩子多留意生活中的细节，并随时将有价值的细节记录下来。

第四，训练集中注意力的能力，不放过每一个细节。

人们常常会认为做大事需要注意力高度集中，但其实小事更加需要。小事、细节本来就容易被忽视，如果注意力再分散，那就更加难以察觉到了。

关于注意力的训练，有一件事情需要特别强调，就是尽可能地避免"一心多用"，比如，有的人在学习时喜欢放音乐、听歌，有的人边吃饭边刷手机，这种做法看似是将时间高效利用了——同一段时间做了两件事情，其实结果往往是浪费了时间。因为我们的注意力被分散到了两件事情上，很多细节之处就会被忽略，这就可能达不到预期的效果。再者，注意力分散成了两份，行动力也随之被分散。就像很多小孩看着电视写作业，本来1个小时就能完成的作业量，生生用了3个小时。

如果经常这样一心多用，注意力分散就会成为习惯，到最后就会很难将注意力集中起来认真对待一件事情，这对细节管理是极为不利的。

第五，重在坚持。

很多事情，相比于方法，坚持才是更重要的。细节管理是一种思维与行动意识的高效组合，是无法一蹴而就的。如果一段时间做到了认真执着，一段时间又懒散松懈，做事有头无尾，总是半途而废，这样就无法真正养成注重细节的好习惯。

对于此，父母可以从以下两方面帮助孩子坚持下去。

增强孩子的使命感和责任心。把细节管理和孩子所在意的、比较重要的事情联系起来，也可以借助一些励志故事，让孩子意识到这是一件长期的、对自己人生负责的事情，这样就能很大程度上调动起他的积极性。

适当地催促和逼迫孩子。尽管我们总在强调要尊重孩子的意愿，但是有的时候，适当逼迫一下也是有必要的。因为孩子的意愿有的时候源于他不成熟的认知，如果父母随了他的心意，可能就会错失培养的良机。不过在逼迫的过程中，要更加关注孩子的情绪状态，向他解释这么做的原因，告诉他父母知道他的感受，但现在不能顺着他的意思来。

每一个成功者所具备的成功品质与能力，都是由无数个细节管理习惯积累而成的。父母们希望孩子学会自我管理，无非就是想让孩子变得更加优秀，收获更美好的人生，因此自我管理离不开细节管理。一旦养成良好的细节管理习惯，孩子就不会再陷入刻意坚持好习惯与纠正坏习惯所带来的精神痛苦中，相反，那种水到渠成、收放自如的自控能力会让他于轻轻松松中胜人一筹。

第六节
青春期自我管理的 4 个关键课题

　　我们一直在说自我管理，那么，自我管理到底应该包括哪些方面呢？有的人可能认为，自我管理就是主要事项管理，对于学生来说就是学习的管理。其实并非如此，青春期孩子的自我管理中，学习的确是很重要的部分，但并不是全部。换句话说，学习也跟很多因素有关，如果仅仅管理学习，也并不能达到好的效果。

　　具体来说，青春期孩子的自我管理可以分为 4 方面。

　　第一，身体管理。

　　人们常说，身体是革命的本钱，没有好身体，一切都是空谈。因此，自我管理第一步，就要从身体管理开始。身体管理共包含两个部分，一是健康管理，二是精力管理。

　　所谓健康管理，最重要的是尽可能地避免患病、受伤。健康离不开适当的锻炼和合理的饮食，而这两方面对于青春期孩子来说并不困难。父母可以多带孩子参加户外运动，让孩子将适当的锻炼变成一种终生的习惯；让孩子养成健康的饮食习惯，有意识地教孩子做饭。

　　精力管理是指要劳逸结合，保证在重要事情上有充沛的精力和高度集中的注意力。

　　王老师最近发现小华总是无精打采的，上课老是哈欠连天，一点精神也没有。课下，王老师就把小华叫到了办公室询问。

　　原来，小华上次考试的英语成绩倒退了，一直以来她的英语成绩都很好，这一次的退步让她心里很不是滋味，于是下定决心恶补一番。她每天晚上都会学到很晚，因此到第二天就无精打采的。

　　作为学生，好好学习是必须的，但光知道好好学习是远远不够的。就像小华一样，她的行为看似是好好学习了，但实际上很可能收效甚微，反而会把身体压垮。小华的行为就是不懂精力管理的表现。

　　人的精力是有限的，也只有在精力充沛的时候去行动，才能事半功倍，所以即使要努力，要用功，充足的休息和适当的放松也是必要的。

　　第二，情绪管理。

　　情绪失控时，人的智商瞬间会变成零，这种情况下最容易惹出麻烦，也对身体健康有害。

　　青春期的孩子体内激素水平上升，再加上学业压力及生活琐事带来的烦恼，与同学、室友甚至老师发生矛盾是不可避免的。如果不懂得情绪管理，不但无法解决任何矛盾，反而会进一步激化矛盾，更容易使负面情绪堆积在体内，带来更多麻烦。

　　所谓情绪管理，简单地说就是找到适合自己的发泄和调节情绪的方法。

　　对于瞬时情绪，比如愤怒、恐慌等，最简单实用的方式就是告诉自己：先别行动，倒数10秒再说。只要能够设置一个缓冲时间，就能有效避免冲动行为。

　　对于长时间的消极情绪，如抑郁、悲伤等，比较好的方法就是将让自己不快乐的事情写下来，也可以自己跟自己对话。这样做的好处就是能把事情重新梳理一遍，让自己试着跳出来，从旁观者的视角重新审视，这样就能更乐观，并能在一定程度上摆脱自己主观意识带来的情绪。

当然，除了这些方法以外，我们还可以通过去空旷的地方喊叫、逛街、买好吃的、冥想等方式去排解不良情绪。此外，情绪管理其实包含的还有沟通管理。很多不良情绪的产生都是源于沟通不当。社交时，注意我们说话的语气、态度、用词，就能在很大程度上避免矛盾的产生，让双方都保持愉快的心情。

第三，时间管理。

时间管理就是要把事情安排得有条理，高效利用时间。针对于此，有 3 个方面尤其需要注意。

一是固定必做事项。我们要做的事情中，有一些是每天都需要去做的，比如刷牙、吃饭、洗澡等，这些事情最好都固定在特定的时间段，不要变动太大，这不仅有利于养成习惯，节省大脑"内存"，也对其他事项的安排有益处。

二是制订有效计划。要想在同等的时间里做好更多的事情，计划是必不可少的，但制订计划并不是单纯地罗列事项，否则计划就会毫无弹性，根本无法执行。

一般来说，有效的计划需要满足 3 个条件：第一就是要符合人性，不能过于死板；第二，事项梳理要像路线一样清晰，让人永远能知道下一步做什么；第三，要少空想、多执行，这样才能保持高效。

三是"要事第一"的原则。分清事情的轻重，把重要事情安排在最前面，以自己的最佳状态去完成。有的时候我们也会遇到突发事件，这种情况下更需要秉承"要事第一"的原则，否则就会轻易打乱自己的计划。此外，还要明确突发事件的重要、紧急程度，如果非常重要或紧急，那么就要放下手头的事情，先来完成它。反之，就放在一边，继续做自己手头的事情。

第四，知识管理。

相信在很多父母眼中，青春期的孩子最重要的就是学习，因此青春期孩子的自我管理中，知识管理是极为必要的。所谓知识管理，并不能简单理解为各科知识的归纳总结，而是要让孩子建立自己的知识体系。这不仅对他当下的学习有帮助，也对他未来的职业选择与发展有着深远影响。

我们常说知识不能死记硬背，要活学活用，这种活学活用简单来说可以概括为两方面，一是理论与实践的结合，二是各个知识点之间的融会贯通。

对于此，父母可以在生活中多用实际事例，引导孩子用他所学的知识去解释或解决问题，这对理论和实践的结合是非常有帮助的。至于知识点之间的融会贯通，可以教孩子使用思维导图，帮助建立联系，进行思维发散。

除了学校的学习之外，孩子们还需要了解一些其他知识。比如：心理学知识，可以更好地帮助自己调节心理状态；高科技知识，具备一定的科技素质和一定的现代高科技嗅觉，可以更好地适应社会发展；等等。

孩子的自我管理能力不是与生俱来的，需要后天的引导和培养。自我管理本质上是从"他律"到"自律"的过程。在青春期这个特殊时期，孩子的自我管理包含的内容也更多样，但最关键的还是身体、情绪、时间和知识这四大方面。只要我们把握好这几个方面，孩子就能逐渐培养起自我管理能力，逐渐成长为一名有理想、能自律的优秀青年。